똑똑한 사장은
회사를 못 키운다

똑똑한 사장은
회사를 못 키운다

초판 1쇄 발행   2020년 11월 20일

지은이   한상복
펴낸이   최용범

편집   윤소진, 박호진
디자인   김태호
관리   강은선
마케팅   김학래
인쇄   (주)다온피앤피

펴낸곳   **페이퍼로드**
               paperroad
출판등록   제10 – 2427호(2002년 8월 7일)
주소   서울시 동작구 보라매로5가길 7 1322호
이메일   book@paperroad.net
페이스북   www.facebook.com/paperroadbook
전화   (02)326 – 0328
팩스   (02)335 – 0334
ISBN   979–11–90475–34–1 (03320)

홀로 사표 쓰는
사장들을 위한
성장 매뉴얼

똑똑한 사장은
회사를 못 키운다

한상복
지음

페이퍼로드
paperroad

차례

사업, 역시 사람이 문제다

창업한 기업 셋 중 하나가 1년 안에 문을 닫으며, 남은 둘 중 하나 역시 5년을 버티지 못하는 게 냉엄한 현실입니다. 창업기업이 어떻게든 살아남아 도약의 기회를 맞이하기 위해선 사업 아이템도 중요하지만 결국 관건은 '사람'입니다.

아무리 좋은 아이디어가 있어도, 그것을 현실로 만들어내는 것은 사람의 수고인 것이죠. 특히 가용자원이 태부족한 스타트업으로선 일당백의 일을 맡길 수 있는 실력자를 원할 수밖에 없습니다.

시스템이 갖춰져 있지 않은데다 워라밸은 꿈도 꾸기 어려우니, 매일 야근을 하고 주말에도 출근하는 스타트업의 기업문화가 다른 회사의 신입에게는 지옥으로 보일 수도 있습니다. 따라서 '평범한 직원 마인드'로는 스타트업과 윈 - 윈하기 어렵습니다. '내 미래를 걸어보겠다'는 각오가 되어 있는 사람만이 스타트업과 어울리는 궁합일 겁니다.

스타트업의 관건은 사람이기에, 한편으로는 인간관계가 조직의 약점으로 부각되기도 쉽습니다.

예전에 하버드 경영대학원 노암 와서만 교수가 분석한 '창업자의 딜레마'(1만 명 이상을 조사했답니다)에 따르면 스타트업의 실패 원인 가운데 65%가 '인적 요인'에서 기인했다고 합니다. 초기 멤버 사이의 주도권 다툼이나 투자자와의 불신, 보상 문제, 인력 운용에서 드러난 갈등이 대부분이었다네요.

조사를 통해 알 수 있는 교훈은, 스타트업의 경우 특히 사람 사이의 의사소통과 선택이 잘못될 때마다 안정성을 잃고 흔들리며, 한계에 이르면 여지없이 좌초되고 만다는 점입니다.

이 책은 어떤 기업문화를 일궈낼 것인가를 다루고 있습니다. 오래 전, 인터넷 뉴스매체 『아이뉴스24』에 연재했던 칼럼을 손질해 다시 엮은 내용입니다. 원고를 정리하다 보니까 그때나 지금이나 크게 달라진 게 없다는 생각이 듭니다. 사람들 이야기니까요.

좋은 문화를 가진 조직일수록 열심히, 창의적으로 일

하는 사람이 눈에 띄고 성과를 보입니다. 그런 사람이 롤모델이 되어 비슷한 사람들을 끌어들이죠. 실력과 책임감, 헌신이라는 공통분모를 갖춘 사람들이 만들어가는 기업문화는 강력한 에너지이자 암묵적인 규칙으로 자리 잡습니다.

아름답지 않은 기업문화를 가진 조직의 경우, 심각한 문제를 경영진이 가장 늦게 알게 되는 현상이 뚜렷합니다. 불화와 반목을 전파해 주변을 오염시키는 구성원을 경영진이 감싸다가 자기 발등을 찍습니다.

직원은 경영자를 탓할 수 있지만, 경영자는 그럴 자격이 없습니다. 탓하는 위치가 아닌, 책임을 지고 해결하는 위치이니까요.

그래서 경영자가 되고 나면 누구나 외롭습니다. 이따금 사표를 내고 싶은 마음이 굴뚝같지만, 그럴 수 없기에 입을 꾹 다문 채 앞으로만 뚜벅뚜벅 걸어갑니다.

먼 길을 가려면 함께 갈 친구들이 가장 소중합니다. 곁에 있는 동료들과 즐거운 기업문화를 만들어가는 데, 이 책이 작은 도움이 될 수 있다면 좋겠습니다.

한상복

사장은 직원을
탓할 자격이 없다

1부

가뭄에도 살아남는 떡붕어처럼

기업들의 사정이 최악이라고 합니다.

어떤 경영자를 만났더니 느닷없이 낚시 얘기를 합니다. 저는 낚시를 해본 적이 없어서 처음에는 무슨 소리인지 이해할 수 없었는데, 듣고 보니까 상당히 좋은 함의를 가진 에피소드입니다.

> 자주 들르는 저수지에 갔는데 오랜 가뭄 끝에, 물이라고는 한 바가지(낚시꾼들의 과장이겠죠?)밖에 없었습니다. 낚시고 뭐고 집어치우고 돌아올 수밖에요.
> 며칠 지나 낚시터 주인에게 전화가 왔습니다. "물 반 고기 반이니까 빨리 오라"는 것이지요. 믿기 어려워서 "무슨 말

씀인가요? 물이 한 바가지밖에 없던데?" 했더니 "와서 보라"고 합니다. 긴가민가해서 달려갔습니다. 그 사이에 물이 가득 차 있었습니다. '그래도 고기가 있겠어?' 하며 낚시를 드리웠습니다. 그런데 이게 웬일입니까? 20cm가 넘는 놈들이 턱턱 물리는 겁니다.

문득 이런 생각이 들었습니다. '이 놈들이 가뭄 때는 어디에 있다가 나타난 것일까?'

그런데 잘 보니까 전부 떡붕어더라고요. 신기한 일이죠.

외래 어종인 떡붕어는 원래는 생김새가 토종 붕어보다 좋지 않은데다 입질이 약해서 낚시꾼들이 그리 반기지 않았다지요. 먹이를 빨아들이는 흡입력도 토종보다 훨씬 약하고 고운 먹이만을 가려 먹는 특성을 가지고 있었다고 합니다.

토종 붕어들이 잡식성이어서 지렁이나 새우, 작은 물고기, 찐 고구마, 감자, 떡밥에 이르기까지 닥치는 대로 먹어 치우는 데 반해 떡붕어들은 아가미의 빗살이 조밀해 작은 먹이만을 여과시킬 수 있었습니다. 단단한 고체는 먹을 수 없는 구조를 타고난 것이지요.

우리 붕어들은 보통 바닥에 살지요. 그래서 낚싯줄에 추를 달아서 바닥으로 늘어뜨립니다. 그런데 떡붕어들은 중간에서 살아요. 중층 낚시라고 해서 원래는 떡붕어들을 잡는 법이 따로 있지요. 그런데 요즘은 떡붕어가 토종 붕어들을 위협한다고 하네요.

이놈들이 먹을 것이 없으니까, 우리 붕어들처럼 바닥에 가라앉아 다니는 것이지요. 밑바닥에 먹이감을 던져 놓아도 이놈들이 무는 경우가 많습니다. 먹는 본능을 위해서라면 자연의 섭리마저 무시되는 것이지요.

이런 성질로 인해 약골 외래 어종이 강자인 토종 붕어를 물리치고 낚시터의 '대표 물고기'로 자리를 잡았다고 합니다. 토종의 입장에서 보자면 겉보기에는 별것도 없는 이 외래 어종에게 안방을 고스란히 내준 꼴입니다.

참붕어가 30cm 정도 자라는 데 보통 7년 이상 걸리는 반면 이놈들을 4~5년만 지나도 월척이 됩니다. 떡붕어는 성격이 소심하고 의심도 많아서 사람의 발소리나 그림자가 비춰지면 멀찌감치 도망을 간다고 합니다.

원래는 식물성 플랑크톤을 주로 먹는 '채식주의자'였으나 이제는 지렁이까지 덥석 삼킨답니다. 고운 먹이만 골라서 먹던 녀석이 '살아남기 위해' 잡식성으로 자기 성질을 뜯어 고친 셈입니다.

황소개구리의 경우는 왕성한 번식력과 식욕으로 생태계를 파괴하면서 이 땅에 자리 잡은 귀화생물이지만, 떡붕어는 그런 케이스가 아닙니다. 오히려 힘이 약하고 먹성도 좋지 않아 생태계에서 도태되기 쉬운 어종이었습니다.

한데 그런 떡붕어가 어떻게 살아남아 낚시터의 주력 어종이 될 수 있었을까요?

생각해보니 여러 요인이 있네요. 외부의 위협으로부터 스스로를 지키려는 치열한 '생존 본능', 자신의 식성과 체급에 걸맞은 먹이를 선택하되, 비교적 긴 시간에 걸쳐 영양을 흡수함으로써 달성하는 '빠른 성장', 먹고 살기 위해서라면 본능까지도 바꿔 환경에 적응하려는 '자기변화 노력', 극심한 가뭄까지 버텨내고 물이 차면 다시 등장하는 '끈질긴 인내'…….

떡붕어의 이런 특성이 요즘 어려움을 겪는 우리 기업에도 시사하는 바가 있어 보입니다. 펄떡이는 물고기처럼 싱싱한, 질긴 생명력을 보여주는 기업이 많이 나타나기를 바라는 마음입니다.

사업은 밑바닥부터

이민을 가는 분들이 눈에 띕니다. '새로운 세상에서 다시 출발하겠다'며 의욕을 불태우는 사람도 있지만, 이곳 대한민국에서의 삶에 지쳐 자포자기 심정으로 떠난 '도피성 이민'도 적지 않은 것 같아 안타깝습니다.

작년에 캐나다로 옮겨간 선배는 몇 번을 망설인 끝에 이민을 결심했다고 하더군요. 수년간 외국지사 생활을 하다가 귀국을 했더니 그 사이에 우리 사회가 엄청나게 바뀌어 있었고, 도저히 적응할 수 없었다는 것이 이민을 생각한 동기였다고 합니다.

그런데 일가친척과 친구들을 등지고 머나먼 이국땅에서 고생할 바를 생각하면, 겁도 나고 해서 결심을 미루던 선배에게 확신을 심어준 게 아이들 문제였습니다. 이 양반이 외국에서 돌아와 만난 저에게 던진 질문이 생각납니다.

> "며칠 휴가 내서 애들하고 놀았는데……. 이상하더라. 놀이터에 다른 애들은 없더라고. 유치원은 오후 일찍 끝날 텐데, 그러면 그 애들이 전부 집에 박혀 있는 거냐? 아파트 단지가 왜 이리 썰렁한지 모르겠어."

제가 당연하다는 듯 대답했습니다.

> "애들 무지 바빠요. 수업 끝나면 학원 두어 개씩 뛰는 게 보통이라고요. 놀이터에서 놀 틈이 없지요. 서너 살짜리들이 다니는 영어학원까지 생겨났는데요. 부모들이 극성인 건지, 경쟁 과열 세상이라서 그런지……. 모르겠네요."

삭막해진 직장 분위기와 신입 시절 믿고 따랐던 사수가 벌써 명예퇴직 대상이 되어 살아남기 위해 애를 쓰는 모습 등을 보며 선배는 '아예 외국으로 나가 눌러 살까'하는 궁리를 하게 됐다고 털어 놓았습니다.

선배는 초등학교 고학년 아들과 유치원 다니는 딸을 키우고 있습니다. 주변 사람들을 보고 불안해진 형수 역시 학원 몇 군데를 돌아보다 아이들을 보내기 시작했다고 합니다.

유명 학원이라고 해서 비싼 수업료를 치르고 보냈는데 얼마 후 아들이 공부하는 모습을 보고 선배는 충격을 받았습니다. 중학교 수학 자습서를 보고 있기에 "웬 거냐"고 물었더니 "학원 교재"라는 것이지요.

이 일로 선배와 형수가 다투었습니다. 선배가 "왜 애한테 스트레스를 주느냐"고 하자, 형수는 "남들에게 뒤지지 않으려면 쫓아갈 수밖에 없다"며 반박했습니다.

'남들에게 뒤지지 않으려면'이라는 말이 선배의 가슴에 못을 박았습니다. 자기도 입시지옥을 뚫고 대학 문턱을 통과했지만, 그때는 이 정도까지는 아니었으니까요. 초등학생에게 중학교 수학 공부라니……. 고지식한 선배로선 소름이 돋을 일이었지요. 이민 수속을 마쳤다는 선배를 만났을 때, 이런 말을 하시더군요.

> "세상이 물구나무 섰다. 어쩌려고 이러는지 몰라. 경쟁력 경쟁력 하다 보니 애들까지 검투사로 만들고 있는 거지. 내가 죽지 않으려면 남을 죽여야 하는 미친 세상이야. 어릴 때부터 경쟁으로 단련된 '인간병기'가 나중에 뭐가 되겠어. 우리 애들은 그렇게 키우고 싶지 않다. 내 말 이해하겠냐?"

사업은 밑바닥부터

공감할 수 있었습니다. 괜히 저까지 마음이 동하더군요. 콩나물시루 같은 대한민국에서 머리 터지게 살아가는 사람치고, 이민을 생각해보지 않은 이는 없을 것입니다. 영화나 드라마에서 접했던 여유 넘치는 삶에 대한 동경심도 작용했겠지요.

이민 이야기를 꺼낸 것은 '대한민국 엑소더스'를 찬양 고무 방조하기 위한 의도가 아닙니다. 이민은 꿈처럼 안온한 귀착지가 될 수 없으며, 마치 스타트업처럼 리스크가 높고 성공 확률이 적다는 말을 드리고자 하는 취지입니다.

우리 사회의 스트레스에서 벗어나기 위한 도피성 이민이건, 아니면 이역만리 타향에서 큰 뜻을 펴겠다는 성공 도박이건 간에 이민은 맨땅에 부딪히는 사업과 양상이 비슷합니다.

지금은 잘 모르겠습니다만, 몇 년 전 미국 샌프란시스코에 출장을 갔더니 그곳의 세탁업계를 한국인들이 휘어잡고 있더군요.(요즘은 베이글가게나 네일숍 등으로 다변화됐습니다만) 성공한 분들은 세탁소 7~8곳을 동시에 운영하며 고급 승용차를 굴리고 있었습니다.

이분들끼리 "어이 김 박사, 어제 공 잘 맞았냐"는 농담을 하시는 터라 그냥 다들 존칭으로 '박사'를 쓰나 보다 생각했습니다. 그런데 아니더군요. 놀랍게도 몇 분은 진짜 박사였습니다.

서울에서 박사가 세탁소를 차렸다면 신문에 날 뉴스거리겠지요. 그때 미국 출장이 처음이었던 저로선 황당할 뿐이었습니다. 세탁소로 성공해 건물 임대업을 한다는 박사 한 분의 고생담을 들을 수 있었습니다.

> "뼈가 빠지게 고생한다는 표현이 어떤 건지, 댁은 잘 모를 겁니다. 처음 5년 동안은, 하루에 네 시간 이상 푹 자본 기억이 없어요. 집사람은 몇 번이나 코피를 쏟고 쓰러졌어요."

희한한 일이지요. 유학 가서 박사학위까지 딴 사람이 현지에 눌러앉아 그 고생을 하며 살았다니 말입니다.

> "사회학 박사인데요. 공부가 좋아서 유학을 왔지만 막상 학위를 마치니까 방법이 없습디다. 한국에 가도 전임강사 자리 하나 얻기가 어디 쉽나요? 여기서도 일자리를 구하기 힘든 건 마찬가지구요. 대단한 기술이나 있으면 모를까. 방법이 없어요. 세탁소처럼 밑바닥에서 출발할 수밖에요."

바로 이 대목입니다. '밑바닥에서 출발할 수밖에 없다'

사업은 밑바닥부터

는 표현 말입니다. 돈이 넘쳐서 '평생 쓰다 죽을' 요량으로 이민을 간다면 모르지만(사실, 정부의 외환관리 규제 때문에 쉽지 않습니다), 대다수 이민자는 그 사회의 밑바닥에 자리를 잡습니다. 언어와 문화라는 장벽 때문입니다. 어눌한 현지어 구사에다 비슷하지 않은 사고방식과 전혀 다른 업무 관행 때문에 미국 기업에 쉽게 취직해 안착하기를 기대하기가 쉽지 않습니다.

스타트업 또한 마찬가지입니다.

회사를 차리는 많은 분이 대기업이나 연구소 등에서 한 가닥씩 하던 고수들입니다. 그러나 자본금을 모아 회사를 세우더라도 첫 출발을 보면 한결 같이 맨땅에 헤딩하기입니다. 자리를 잡은 기업들과 견주어 보면 보이지도 않는 밑바닥인 셈이지요.

'스타트업이 왜 밑바닥이냐'고 생각할 수도 있습니다. 초기 자본금을 엄청나게 모아 당분간 돈 걱정이 없는 회사도 있을 겁니다. 하지만 그렇다 해도 통장 잔고가 줄어드는 건 삽시간입니다. 설비 투자에 인건비 지급, 임대료 몇 번 내다 보면 줄줄 나가는 비용 앞에 장사가 없지요.

이러다 큰일 나겠다 싶을 즈음, '밑바닥'이란 의미가 한층 가깝게 다가옵니다. 때로는 '밑바닥'이란 인식이 스스로를 다잡고 추스르는 데 도움이 되기도 합니다.

낯선 곳에서의 새 출발이란 점에서도 이민과 사업의 양상은 비슷합니다. 이민이 '소통이 어려운 외국에서의 고단한 삶'이라면, 스타트업은 '안온한 직장을 뛰쳐나와 모든 걸 스스로 해결해야 하는 기대와 두려움의 삶'으로 볼 수 있겠습니다.

두 인생 모두 희망을 찾아 떠난 여정이지만 불안하기 짝이 없습니다. 성공을 고대해도 그 가능성은 그리 크지 않습니다. '다시는 돌아가지 않겠다'는 다짐 역시 비슷합니다.

그러나 이민과 사업에는 큰 차이가 있습니다.

바로 '외로움'의 정도입니다.

이민자들은 교포사회를 구성, 서로 돕고 다투기도 하면서 정을 나누어 갑니다. 다양한 교포들이 몰려 살기 때문에 그다지 불편도 없습니다. 한국의 TV 드라마도 금방 받아볼 수 있고 인터넷 뉴스를 통해 한국 소식을 수시로 접하고요.

다만 고국의 친척과 친구들, 아니 고향 자체가 그립습니다. 고국의 모든 것이 눈에 밟힙니다. 교포 커뮤니티가 아무리 활성화되어 있어도 막연한 외로움이 이민자들을 감싸고 있습니다.

반면 사업을 하는 분들에겐 이런 외로움이 없습니다. 회사 동지들과 협력해선, 제휴사가 한데 뭉쳐 성공을 향해

사업은 밑바닥부터

나아갑니다. 도피를 위해 사업을 하는 사람은 없습니다. 생존과 발전만이 관심사입니다.

삶이 고되고 지치더라도 쫓겨 다닐 수만은 없습니다. 삶의 육중한 무게에 쫓기는 자세로 살아가기에는 우리의 인생이 너무 아깝습니다. 사업이 힘들 때마다 '함께하는 사람들이 있으니까 나는 외롭지 않다'는 생각을 해보면 어떻겠습니까. 힘이 되지 않을까요.

'쪼다' 유비처럼

기업을 다니다 보면 회사마다 특색이 뚜렷하다는 점을 발견할 수 있습니다. 독일 병정처럼 일사불란한 지휘 체계 아래 움직이는 기업이 있는가 하면, 구성원들이 느슨하게 엮여 '맡은 일만 잘하면 만사 OK'인 회사도 있습니다. 투철한 사명감을 동력 삼아 밀고 나가는 기업도 눈에 띄고, '대박'을 좇아 기술 개발과 마케팅에 힘을 쏟는 사람도 많습니다.

공통점이 있다면 어딜 가나 치열한 삶의 현장을 엿볼 수 있다는 점이죠. 밤샘 작업 끝에 쓰러져 잠든 엔지니어부터 눈이 충혈된 실무자에 이르기까지 온갖 사람이 득실대는 곳이 스타트업 현장입니다.

요즘 기업문화야말로 경쟁력의 원천이라는 생각을 많

이 합니다. 기업문화는 사고방식과 가치체계가 서로 다른 사람을 하나의 축으로 묶어주는 구심점입니다. 하지만 이 표현은 '사람은 제각각 다르다'는 전제에서 출발합니다.

왜 다를까요. 같은 사람끼리 모여 기업을 만들면 그게 바로 '이상(理想)' 아니겠습니까?

그런데 막상 비슷한 사람들이 힘을 모아 사업을 벌이면 뒤끝이 좋지 않은 경우를 자주 발견하게 됩니다. 희한한 일입니다. 처음에는 기세 좋게 출발하지만 어느 순간 삐걱대고 마침내 결별하고 맙니다.

제 주변에도 서로에게 반해 살림을 합쳤다가 얼마 지나지 않아 불구대천의 원수가 된 이가 몇 명 있습니다. 한 동안은 "거울 속의 나를 보는 것 같다"고 좋아했으나 시간이 흐르자 볼 꼴, 못 볼 꼴 전부 보고는 정나미가 떨어진 모양입니다.

뜻을 모아 사업을 한다는 선택 역시, 마치 남녀 간의 만남과 흡사합니다.

처음 만나 취미와 성향이 비슷하다는 점을 확인하면, 그 이상 반가울 때가 없습니다. 만나면 끊임없이 대화가 이어집니다. 하지만 자주 만나자, 첫 만남의 감격은 어디론가 사라집니다. 상대의 결점이 하나둘 눈에 들어오기 시작합니다. 연락이 뜸해지고 결국엔 서로에게 잊힙니다. 그래서 결국, 결혼은 다른 사람끼리 이뤄진다고 합니다. 이른바 '톱니바퀴' 이론입니다. 오목하고 볼록한 부분이 서로 반대여야 궁합이 맞는다는 것이지요.

기업도 그렇습니다. 아무리 인생철학이 비슷한 사람끼리 모여 만든 기업이라도 함께 생활하다 보면 불협화음이 나고 마찰이 빚어지기도 하며 심지어는 투쟁까지 발생합니다. 행복했던 기억은 사업을 시작했을 때 품었던 희망뿐입니다. 이혼도장을 찍을 필요도 없습니다. 싸움에 지친 사람이 회사에 안 나오면 그만이니까요.

어찌 보면 사람이 서로 같다고 생각하는 자체가 오산입니다.

'기업의 색깔'은 CEO의 성격을 닮는 것 같아 신기합니다. CEO가 화통한 사람이면 직원들도 거침이 없습니다. CEO가 푼돈까지 챙기는 구두쇠일 경우, 기업 전체가 경비 절감을 제1의 모토로 생각합니다. 자기 것을 잘 챙기는 CEO와 일하는 직원들은 우리사주나 스톡옵션에 유달리 관심이 높습니다. 이런 양상을 보면 기업문화 형성에 가장 큰 영향을 주는 사람이 바로 CEO가 아닌가 합니다.

그런 것 같습니다. 서로 다른 조직원들을 엮어 하나의 기업문화를 만들어가는 중심에 있는 사람이 바로 CEO입니다.

얼마 전 모 기업을 방문했다가 지금까지 접했던 부류와는 다른, 약간 이상한 CEO를 만났습니다.

그동안 만나본 CEO들은 모두 주특기가 있었습니다. 엔지니어 출신으로 자신의 아이템을 살려 창업을 한 분도 있고, 대기업에서 새로 뜨는 분야를 맡았다가 기술력과 자금력을 합쳐 회사를 만든 경우도 있습니다. 경력을 십분 활용해 회사라는 시스템을 만든 것입니다. 능력이 넘치는 CEO와 똑똑한 직원들로 구성된 기업은 허다합니다.

하지만 제가 만난 CEO는 그런 케이스가 아니었습니다. 경력으로는 도무지 주특기를 발견할 수 없었던 셈이지요. 그러면서도 기업 간 협력이나 마케팅 채널, 기술력 등에서 탁월한 입지를 다져 놓고 있었습니다. 이 모든 게 CEO가 발로 뛰어 구축한 것이라고 합니다.

한동안 얘기를 나눈 끝에 그분의 주특기를 파악할 수 있었습니다. 바로 '사람을 끌어당기는 마력'이었습니다. 각 분야의 인재와 기업이 스스로 찾아와 동지가 되기를 청하는 묘한 매력을 가지고 있었습니다. 어눌하지만 따뜻한 말씨와, 깊은 눈이 사람의 마음을 끌어당깁니다.

기업 활동의 원천인 기술이나 자금은 어쨌거나 사람이 가진 자산입니다. 따라서 사람을 끌어들이면 그런 자산이 호박째 굴러들어 옵니다. 그러니 가장 훌륭한 사업수단은

'사람 장사'라고 볼 수 있습니다.

　이분은 대단한 열정을 보여주었으나, 그렇다고 해당 분야의 전문가라는 느낌은 받지 못했습니다. 그냥 '보통이 아닌 CEO'라는 생각만 들 뿐이었습니다.

　그러다가 고우영 화백의 만화 『삼국지』가 떠올랐습니다. 어릴 때는 『삼국지』처럼 방대한 분량의 이야기를 혐오했습니다. 어쩌다가 만화 『삼국지』를 접했는데, 재미있어서 대여섯 번은 족히 본 것 같습니다.

　고우영 『삼국지』를 스타트업 경영에 빗대보는 것도 흥미로운 상상입니다. 고우영식 화법으로 말입니다.

　이러저러한 계기로 만난 유비와 관우, 장비는 도원결의를 맺습니다. 소규모 창업을 한 셈입니다. 기업을 차리기 전까지 이들은 시쳇말로 '동네 건달' 수준이었습니다. 그러나 창업 이후로는 철저한 기업인으로 거듭납니다.

　대기업(큰 나라) 또는 그만그만한 기업(작은 나라)과의 치열한 경쟁을 겪으며, 한편으로는 능력자 동지들을 하나둘씩 끌어들여 사세를 키워 갑니다. 기업 간 인수합병(M&A)도 수차례 시도하다 마침내 성공합니다. 자신들의 큰 나라를 세웠으니 말입니다.

　등장인물 모두 주특기가 있습니다.

　관우는 무려 82근(17.8kg)짜리 청룡언월도를 휘두르는 무사이면서도 훈장 출신답게 사리판단에 밝고 맺고 끊음이 확실합니다. 평생의 보좌역이자 관리담당 이사라고 볼 수 있지요. 장비는 단순 무식 과격의 대명사로 나옵니다. 의리를 위해서라면 물불을 가리지 않습니다. 불도저형 영업이사입니다. 어디라도 밀고 들어가 물건을 팔 수 있습니다. 심계에 능한 제갈공명은 유비의 두뇌 역할을 맡았습니다. 기획 및 재무이사 자리를 주겠습니다.

이제 중심축이자 CEO인 유비를 봅시다.

고우영식 표현에 따르면 한마디로 '쪼다'입니다. 조조처럼 고관의 자제도 아니었고 손권처럼 호족도 아닙니다. 중산정왕의 후손임을 내세우기는 하는데 신빙성이 떨어집니다. 사기성이 짙습니다. 중산정왕의 자식이 무려 120명이었는데, 이로부터 300년이 지난 뒤에 유비가 태어났으니 그와 같은 처지의 인물이 아마도 수만 명은 되었을 것입니다. 비정통적인 사서를 보면 유비는 동네 양아치 출신인 듯한 뉘앙스를 풍기는 대목이 많다고 합니다.

게다가 무엇 하나 잘하는 것이 없습니다. 관우처럼 자기중심이 확실하게 서 있는 사람도 아니고 장비처럼 힘이 센 것도 아닙니다. 제갈공명의 두뇌는 발끝도 쫓아가지 못합니다. 겁도 많아서 적이 쳐들어오면 우왕좌왕하는 모습을 보여주기도 합니다. 제갈공명을 만나 성공하기까지 때로는 빌붙어 목숨을 유지했습니다. 공손찬에서 도겸, 조조, 원소, 유표, 손권에 이르기까지 과정이 그렇습니다.

그렇다면 이런 '바보' 유비가 성공할 수 있었던 원동력은 무엇일까요. 고우영 『삼국지』에 그 해답이 있습니다. 그것은 바로 사람을 끌어들이고 믿게 만드는 '친화력'입니다. 동지들에 대한 마음 씀씀이나 배려를 보면, 유비는 그리 간단치 않은 보스입니다. 무술이나 학식 같은 전문성은 없지만 사람들의 신뢰와 충성을 이끌어내 시스템을 엮고 마침내는 윈-윈 할 수 있는 환경을 조성하는 '문화 크리에이터'였던 것이지요.

저는 이런 스타일에 더욱 호감이 갑니다. 스스로 똑똑한 CEO보다는 주변의 똑똑한 사람들로부터 존경받는 CEO 말입니다.

그 옛날 유비는 자신과 동지들의 색깔을 버무린 나름의 '기업문화'를 만들어내고, 이를 무기 삼아 성공 가도를 달린 것이죠. 이들의 '기업문화'는 서로에 대한 애정과 배려에서 비롯됩니다. 가족과 동지를 적으로부터 지키기 위해 목숨을 걸고 싸웁니다.

생각을 해보니 '유비형 CEO'를 다른 곳에서도 만난 기억이 납니다. 이분은 꽤 유명한 회사의 대표이사를 맡고

31

있었습니다. 이분은 직원 개개인의 프로필이 머릿속에 상세하게 입력되어 있는 듯합니다. 마주친 직원에게 던지는 농담 한마디가 상대를 놀라게 합니다. '저 양반이 어떻게 그걸 알고 있을까' 하고 고개를 갸우뚱하게 합니다.

소탈한 사람끼리 모여 일을 하면 잔신경을 쓸 일이 줄어듭니다. '잔신경'이라 함은 조직 메커니즘에서 나타나는 온갖 계산과 공작, 줄 서기 등을 뜻합니다.

인천 월미도에 가면 대단위 놀이공원이 있습니다. 여기 놀이 기구가 놀랄만합니다. 바이킹만 해도 그 크기가 엄청나, 움직일 때마다 현기증이 날 정도입니다. 성인용에 가깝습니다. 실제로 위험하기도 합니다. 사고도 여러 번 발생했다고 합니다.

월미도 놀이기구의 특징은 두 가지로 요약할 수 있습니다. 첫 번째는 조작하는 사람이 관제탑에 앉아 클럽의 악동 DJ처럼 온갖 멘트를 쏟아내며 흥미를 배가시킨다는 점이고, 두 번째는 이용 시간이 '엿장수 마음대로'라는 부분입니다. 사람들이 즐거워하면 '내 맘대로 보너스 3분'을 연발합니다. 비명소리가 작으면 '그래서 벌로 10분 연장'일 때도 있습니다. 이용객이 많지 않은 한겨울에는 푸짐한 보너스가 쏟아집니다. 거짓말 좀 보태면 '흘러 내리는 눈물과

콧물이 얼어붙는 재미'를 만끽할 수 있습니다.

위험해 보이는 놀이기구의 공포를 잊을 수 있는 이유는 조작자의 탁월한 말솜씨 때문입니다. 그의 화려한 언변에 웃고 비명을 지르다 보면, 두려움을 넘어 오싹할 정도의 환희를 느낍니다.

갑자기 월미도 놀이 기구로 화제를 돌린 까닭은 경영 또한 '공포를 이겨내는 놀이'일 수도 있겠다는 생각 때문입니다. 놀이기구를 즐기는 것처럼, 일의 재미를 만끽하면서도, '잘못될지도 모른다'는 끝없는 공포를 이겨내야 한다는 측면에서 그렇습니다. 불가능해 보이는 일도 일단 저지르면 어이없을 정도로 쉽게 풀릴 때가 많습니다.

여기서 CEO의 역할은 '놀이기구 조작자'에 비유됩니다. 사업의 두려움을 동료들이 놀이처럼 즐길 수 있도록 '광대' 역할을 자처합니다. 함께 어울려 노는 사이, 그럭저럭 돌파한 어려움과 위험이 뒤로 멀어집니다.(새로운 무언가가 또 찾아오겠지만요).

기업에 모인 사람들에게는 각자의 주특기와 역할이 있습니다. 이 모든 게 비빔밥처럼 잘 섞일 때 온전한 기업문화를 만들 수 있습니다. 많은 사람이 어울려 '놀이판'을 구성할 수 있도록, 그리하여 즐거운 경영이 되도록 분위기를 만드는 사람이 CEO입니다.

'쪼다' 유비처럼

기업문화는 억지로 만드는 게 아닙니다. 또한 각별히 신경 쓰지 않으면 정착하기 어려운 게 '좋은 기업문화' 같습니다. 그 밑바탕이 CEO로부터 비롯되는 모든 구성원의 '서로에 대한 배려'입니다. 위험한 놀이기구를 탈 때 옆 자리 동료가 벌벌 떤다면 몇 마디로 용기를 북돋워주는 그런 애정 말입니다.

말 잘하는 입보다 마음을 주는 눈부터

친하게 지내는 여사장님을 만났더니 재미있는 얘기를 들려주시더군요. 저를 만나기 전에 한 '절정고수'로부터 지도를 받았다며 환하게 웃습니다. 'CEO의 기본 자세'에 대해 진지하게 배웠다는 것이지요.

이분에 따르면 대표이사는 '담을 것이 많은 얼굴'을 하고 있어야 한다고 합니다. 그릇을 덮으면 뭔가를 담을 수 없듯이 얼굴 역시 닫힌 표정이어서는 안 된다고 강조합니다.

예컨대 고개를 뻣뻣하게 세우면 무엇인가를 담을 수 있는 입의 모양을 만들 수 없습니다. 조금은 숙여야 열린 입 안에 채울 공간이 보입니다. 그러려면 웃어야지요. 웃지 않으면 입속을 기꺼이 채워줄 사람이 나타나지 않는답니다. 그러니까, 연예인처럼 거울을 보며 웃는 연습을 해야 한다는 팁이었습니다. 어려운 회사 사정에 속이 타들어갈지라도 말입니다.

이 사장님은 겉보기에는 '사슴과'입니다. 마른 체구에 눈이 커서 유약해 보이기도 합니다. 체중이 40kg에서 왔다 갔다 한답니다. 저도 이분을 처음 뵈었을 때는, 회사에 참여한 걸출한 기술 인력들이 측은지심을 발휘한 것이 아닌가 생각했습니다. '불쌍한 여사장'을 돕기 위해 말이죠. 그런데 몇 차례 만나다 보니, 사람은 역시 겉만 보고 지레짐작해서는 안 된다는 사실을 실감했습니다. 강골이면서 전사 근성을 지니고 있더군요. 엄청난 전투력을 과시하기도 합니다.

이분이 스타일을 바꾸기로 결심한 연유는 '부딪혀 승리하는 경영' 보다 '담아내어 숙성시키는 경영'이 더욱 위력을 발휘할 수 있다는 점을 깨달았기 때문이라고 합니다. 경영은 미래를 내다보는 안목이라는 생각입니다.

이분의 말씀대로 CEO는 많은 걸 담아내는 사람이어야 한다는 생각이 듭니다. 폐기물조차 받아들여 정화해 내는 드넓은 바다처럼 말입니다.

'겸손'이 그 출발점입니다.

누구나 겸손한 사람이라는 이미지를 전하기 위해 각별히 신경 씁니다. 하지만 실제로 겸손을 행하는 건, 생각보다 쉽지 않습니다. 성격을 감추기 어려운 부분도 있겠으나, 약육강식 정글 같은 세상이 도덕이나 품위보다는 경쟁과 우위를 권장하기 때문이 아닐까 합니다.

CEO 모임에 가보면 다른 기업인들에 대한 뒷담화가 많이 들립니다. 대개 '싸가지가 없다'는 내용이죠. 어떤 CEO의 경우 사업 초기에는 온갖 모임을 쫓아다니며 부스러기 계약이라도 모으려고 친한 척하더니, 투자를 잘 받고 나서는 입을 닦았다고 합니다. 큰 규모의 모임에만 기웃거린답니다.

간혹 협력 사업을 제안하려고 찾아가면 고개를 뻣뻣하게 치켜들고 하청 업체 다그치듯 몰아세운다고 합니다. 성공궤도에 올랐다는 자만 때문인지, 원래 그런 사람이었는데 한동안 가면을 쓰고 있는지 알 수 없습니다.

하지만 구르고 다시 구르는 게 세상 이치인 모양입니다. 나중에 어떤 처지가 되어 다른 곳에서 만나게 될지 알 수 없습니다.

대기업 출신 A사장이 뒤바뀐 처지를 몸소 체험한 경

말 잘하는 입보다 마음을 주는 눈부터

우입니다. 대기업 요직에 있던 A사장은 몇몇 계열사의 프로젝트를 총괄한 적이 있는데, 그 당시 계열사와 협력사 직원들에게 깐깐하게 굴던 과거가 이제는 부메랑이 되어 돌아오고 있습니다. 상사와 동기들의 '밀어주겠다'는 약속을 받아 시작한 사업이 이렇게 엉킬 줄은 몰랐다고 합니다.

아이템마다 제안서를 넣어 윗선으로 뚫고 나갈 수 있었지만 그때뿐이었습니다. 도대체 일이 진행되지 않는 것이었습니다. 실무자들이 여러 이유를 대며 움직여주지 않으니 사업이 늘어질 뿐 진척이 없는 것이지요. 지원을 약속했던 이들은 이를 핑계로 "기다려보라"는 식이고요.

A사장은 억울하다는 반응입니다. 꼼꼼한 건 사실이지만, 피해를 준 적은 없는데 왜 이런 일을 당하는지 알 수 없다고 합니다. 그러면서도 한편으로는 후회하는 몇 마디를 털어놓습니다.

> "나를 낮추고 그 사람들 입장을 조금 더 헤아렸다면 이렇게 되지는 않았을 텐데……. 내 잘못도 있지요. 누구를 탓하겠어요."

동석했던 A사장의 친구도 한마디 거들었습니다. "그러기에 있을 때 잘했어야지."

'말 한마디로 천 냥 빚 갚는다'는 속담이 터무니없는 소리는 아닌 듯합니다. 어려움에 처한 상대를 배려한 따뜻한 격려가 '평생 은혜'로 각인되는 반면, 무심코 던진 비난의 화살이 당사자의 가슴에는 비수로 꽂힐 수도 있습니다.

환대를 받은 이는 언젠가 보답하겠다며 마음에 새겨 놓습니다. 반면 마음에 칼을 맞은 사람은 '두고 보자'며 부드득 이를 갑니다. 가까이 지내던 사람을, 무서운 적으로 만들었을 수도 있습니다. 이래서 누구는 돌아다닐 때마다 친구를 사귀고, 또 다른 이는 다닐수록 사방에 적만 늘어납니다.

"고개를 숙이는 만큼 남들이 나를 알아주며, 오만을 부릴수록 설 땅이 좁아진다"는 게 사업 선배들이 전해주는 경영의 첫걸음입니다. 언제 어디서라도 고개부터 숙이는 몸가짐이 배어 있어야 한다고 강조합니다.

미국의 어느 경제 주간지가 미국 100대 기업의 경영자를 대상으로 'CEO에게 가장 중요한 덕목이 무엇인지' 조사한 적이 있습니다. 그 결과, 무려 79%가 인내(endurance)를 최우선으로 꼽았습니다. 자기 홍보에 열심인 문화와는 다소 어울리지 않는 대답이지요.

이 조사 결과가, 지구 반대편의 우리에게도 시사하는 점이 있습니다. 인내해야 겸손의 미덕을 발휘할 수 있다는 부분에서 그렇습니다. 안하무인으로 행동하는 사람을 꺼리는 심리는 어디서나 마찬가지일 것입니다. 겸손에는 성질을 꾹 참고 상대의 말을 끝까지 들어주는 인내가 필요합니다.

아무래도 겸손은, 사업에 있어서는 미덕이 아닌 필수 소양인 것 같습니다. "CEO에게는 말을 잘하는 입보다, 마음을 주고받는 눈을 권한다"는 교훈도 오늘 들었습니다. 애매한 표현이지만 공감이 갑니다. 항상 호기심으로 가득한 맑은 눈, 사람을 끌어들이는 눈 말입니다. 이런 눈을 가진 스타트업 경영자들을 적지 않게 만날 수 있어서 다행입니다.

회사에서 가장 큰 문제는 사장이다

제 일을 자주 도와주시는 분 가운데 K대표가 있습니다. 30대 초반에 창업해서 회사를 키워온 사업가입니다. 무척 재미있는 분이기도 합니다.

다국적 기업에서 초고속 승진을 거듭해 스물아홉에 임원이 됐다고 합니다. 본인의 말로는 "잘난 척은 혼자서 해야 직성이 풀리는데, 덜떨어진 녀석들까지 전부 해대는 게 꼴 보기 싫어 짐 싸 들고 나왔다"더군요.

이분 말을 듣다 보면 욕설이 반입니다. 30초 동안 욕이 나오는 횟수를 세어보니 두 손가락이 모자랄 정도입니다. 하지만 무수한 욕설 사이에 깊은 가르침이 스며 있음을 간혹 발견합니다. 워낙 격식이 없고 형처럼 대해주시는 터라 저는 이분을 만수 형이라고 부릅니다. 형은 터프하게 보이지만 정이 많습니다.

그동안 만수 형으로부터 많은 가르침을 받았습니다. 기업 경영은 무엇이며 어떻게 해야 하는가, 어떤 자세를 가져야 할 것인가 등 시간이 날 때마다 금과옥조의 말을 해주셨습니다. 이분을 뵐 때마다 수첩을 들고 가서 부지런히 적습니다.

만수 형의 경영철학을 소개합니다.

그의 경영철학은 "왜 굳이 회사라는 법인을 설립하는가"에서 비롯됩니다. 그저 샐러리맨 생활이 지긋지긋해서라면 사업이 아닌 자영업을 하라는 게 형의 주장입니다. "기업을 세워 시스템을 만들어 나가는 과정 하나하나가 고통의 연속이니까, 월급쟁이가 싫어서 사업을 한다는 생각으로는 버티기 어렵다"고 일침을 놓습니다. 그러다 망해서 투자자와 가족에게 피해를 주느니, 비교적 진입 장벽이 낮은 자영업을 알아보는 게 낫다는 것입니다.

사실, 경영지침서나 성공담에서도 이분의 주장과 비슷한 대목을 발견할 수 있습니다. 하지만 만수 형의 '구라(본인 표현입니다)'는 약간 다릅니다. 독설이 어우러지다 보니 신선하게 다가오는 측면도 있습니다.

42

다음은 제가 전수받은 만수 형의 경영 매뉴얼 가운데 일부를 추린 내용입니다.

과거를 지우려고 노력하지 마라.
과거가 당신의 기반이다.

대기업이나 연구소 출신 경영인들을 사업 계획서를 작성하거나 언론 인터뷰에 나올 때마다 자신이 '그럴듯한 곳' 출신이라는 점을 내세우는 경우가 있습니다. 하지만 정작 속마음은 '그 쪽 방향으로는 오줌도 누지 않겠다'는 쪽이 많습니다. 아마도 꿈을 피우지 못했던 전 직장에 대한 배신감 때문일 것입니다. 전 직장에서 친했던 사람들과 교류를 끊고 완전히 새 출발을 하는 분들까지 눈에 띕니다.

만수 형은 "과거를 지우려는 노력은 쓸데없는 헛지랄"이라고 단언합니다. 오히려 "과거를 기반 삼아 이를 적극적으로 활용하라"고 당부합니다. 어차피 경력이라는 게 죽을 때까지 따라다니는 꼬리표라면, 전 직장에서 쌓은 노하우와 네트워크를 마케팅이나 신규 사업 개발에 '찌꺼기마저' 재활용하라는 충고입니다.

사업이 궤도에 접어들면 주변에서 "잘했다"며 부러워

합니다. 이때를 조심하라는 게 만수 형의 코치입니다. 으쓱해서 엉뚱한 욕심을 부리다가 탈탈 털린다고 경고합니다.

시장은 냉정합니다. 우리가 완전히 우뚝 설 때까지 틈틈이 약한 곳을 노리다가 파고 듭니다. 만수 형은 "과거가 진저리나도록 싫다면 적어도 직립할 때까지만이라도 과거 기반을 써먹어야 한다"고 말합니다.

먹고 사는 일인데 쪽팔릴 게 어디 있냐?

'폼생폼사' 스타일일수록 체면 때문에 남에게 굽실거리기를 무척 싫어합니다. 협력이나 계약을 위해 다른 회사에 찾아갔다가 잡상인 취급이라도 당하면 온 종일 언짢습니다.

하물며 대기업이나 연구소에서 '잘 나가던 분'들이 스타트업 생태계로 와서 여기저기 인사를 다닌다면 과연 어떨까요.

우리나라처럼 '갑'과 '을'이 수직적 관계인 곳에서 '갑'이던 사람이 하루아침에 '을'이 되면 그 스트레스를 감당하기 어렵습니다.

그런데도 만수 형은 "체면 운운이야말로 웃기는 짬뽕"이라고 욕을 합니다. 사업은 체면이 아니라 돈을 벌기 위해서 하는 것이니까 오로지 득실만이 기준이라는 것입니다.

형의 경험에 의하면 "좋은 경영자는 초면에는 약간 건방져 보일 때가 많다"고 합니다. 주관이 뚜렷하고 자신감으로 똘똘 뭉쳐 있는 유형이기 때문이랍니다. 하지만 이런 경영자도 "주주와 직원을 위해서라면 언제 어디서든 고개를 조아려 회사의 이익을 좇는다"고 말합니다. 다만 타인에게 머리를 조아리는 행동이 스스로에게 부끄럽지 않도록 자기 마음부터 먼저 닦아놓아야 한다고 충고합니다.

> "먹고 사는 일인데 쪽팔릴 게 뭐가 있냐? 쪽팔린다는 생각
> 이야말로 진짜 쪽팔리는 거지."

사장이라면 당당하게 배짱으로
드러누울 줄 알아야 한다.

만수 형은 "사장이라면 항상 '나는 왜 이 자리에 앉아 있나'를 생각해야 한다"고 주장합니다. 경영자로서의 책임감을 가져야 한다는 말입니다. 뭔가를 벌였다면 끝까지 책임져야 합니다.

독보적인 아이디어와 기술로 사업을 시작했지만, 주변

을 둘러보면 어느새 경쟁자들이 우후죽순 난립한 현실을 발견하게 됩니다. 겉으로는 태연한 척 "우리와는 비교할 수 없는, 별 볼일 없는 회사들이니까 걱정할 것 없다"며 직원들을 안심시키지만, 내심 두렵기 그지없습니다. 일부 경쟁자들은 저 멀리 앞서가고 있는 듯해서 일전을 치를 생각을 하니 막막하기만 합니다.

만수 형은 그러나 "남들보다 늦었다고 포기하지 마라. 먼저 출발한 놈이 먼저 죽는다고 생각하면 간단하다"며 마인드 컨트롤을 주문합니다. '시장을 개척하는 입장이 훨씬 힘드니까, 후발주자 시장을 노려보는 것도 현실적 선택'이라는 것이죠.

그럼에도 사업이 좀체 풀리지 않을 때, 그리하여 '중대결단'이라는 벼랑으로 몰리고 있음을 절감할 때, 만수 형은 "당당하게 배짱으로 드러누워야 한다"고 이야기합니다.

아무리 '맨땅에 헤딩'이라지만, 둘러보면 도움을 받을 수 있는 사람과 조직이 의외로 많습니다. 이들을 찾아가 자신감 있게 부탁하라는 것입니다. "어렵습니다. 도와주십시오"라고 말입니다. 다만, 체면을 구긴 모습이 아닌, 책임감으로 당당한 이미지 트레이닝부터 하라고 합니다.

만수 형도 사업 초기에는 사정이 매우 안 좋아서 이런 말을 남발하고 다녔더군요. "나 살려라. X발."

죽을 만큼 힘들 때는 어린애처럼 떼라도 쓰라는 게 만수 형의 귀띔입니다. 의외로 반응이 나쁘지 않다고 합니다.

잔머리 굴리지 마라

사장에게 요구되는 중요한 덕목 중 하나가 '냉정함'이 아닐까 싶습니다. 과도한 자신감에 풍선처럼 부풀어 있는 경영자들을 곧잘 봅니다. 그도 그럴 게, 세상 일이 한치 앞을 알 수 없으니, 커다란 희망으로 불안감을 덮어보려는 심리적 요인일 수 있습니다.

만수 형은 "꿈속을 헤매지 말고 상황을 냉정하게 보라"고 주문합니다. 기업을 방문했다가 실망해서는 "책상머리에 앉아 잔머리만 굴리는 녀석들이 왜 그렇게 많은지 모르겠다"고 불만을 토로합니다. 일부를 옮겨 적으면 이렇습니다.

> "책상물림만 하면서 머리를 굴리는 게 온통 사기 칠 생각이니 뭐가 되겠어? 기술력이라고는 X도 없으면서 혁신기술이라고 우기는 게 일과더라. 이런 놈들 때문에 스타트업이 도매금으로 욕을 먹는 거 아니냐?"

형의 경험으로는 "회사의 성공은 경영자가 책상에 붙어 있는 시간과 반비례한다"고 합니다. '돈은 밖에 있는데 왜 안에서 죽을 치고 있느냐'는 지적입니다. 그의 정의에 따르면 '마케팅은 곧 미팅'입니다. 한 번 만나고 두 번 만나다 보면 비즈니스 기회로 이어지고, 설혹 실패하더라도 개선해볼 아이디어는 얻기 마련이라는 겁니다. 실제로 '죽이는 아이디어'는 사람을 만나 세상의 온갖 관점을 어우르는 과정에서 나올 가능성이 많습니다.

따라서 스타트업 경영자야말로 탁월한 영업맨이어야 합니다. 만나서 설득할 사람을 찾아내고, 부딪히는 과정에서 새로운 길을 찾아내고 그런 과정을 반복해가며 진화합니다.

사장이 앞장서라

이 대목은 누구나 하는 이야기입니다. 사장이 솔선수범하지 않고는 조직이 제대로 굴러갈 수 없습니다. 경영자가 슬리퍼 끌고 이 사무실, 저 사무실 둘러보러 다니는 회사, 오전에 골프 라운딩을 하고 오후에야 출근하는 회사, 별것 아닌 내용을 확인하기 위해 실무자를 걸핏하면 호출하는 회사, 사장의 농담이 주를 이루는 회의를 두 시간 이상 마라톤으로 하는 회사, 이런 회사의 미래는 극히 불투명합니다.

만수 형이 주장하는 바는 '위기 의식의 공유'입니다. 조직에 따라 양상은 다르겠습니다만, 경영자가 전전반측 하는 반면 직원들은 "내 회사 아니니까 월급만 잘 타면 된다"고 마음 놓고 출퇴근할 수도 있습니다.

형은 '이런 기업은 반드시 망가진다'고 합니다. 경영자는 시장 동향과 회사가 처한 상황을 직원들에게 가감 없이 알려주고 위기를 기회로 연결하는 공동의 노력을 이끌어내야 합니다. 회사의 발전에 방해될 사람이 있다면 무슨 수를 써서라도 정리를 해야 한다는 게 만수 형의 생각입니다.

만수 형은 다정다감하지만 때로는 무시무시한 '두 얼굴의 사나이'로 변합니다. 얼마 전에 찾아 갔을 때, 한쪽의 책상이 비어 있기에 물어보았더니 "사업부 한 개를 통째로 날려버렸다"고 씁쓸한 웃음을 짓더군요.

> "사장이 아침 일찍 나오지 않는다고? 그럼 회사가 절반쯤
> 은 망가진 거야. 사장이 방심을 해? 자만을 해? 그러면 전
> 직원한테 순식간에 전염돼. 회사가 넘어가기 직전이야. 그
> 러니까 경영자가 앞장서서 잘해야 해."

실적부터 내라, 남의 투자를 탐하지 말고

만수 형은 투자를 자주 끌어들이는 기업을 냉소적으로 바라봅니다. 본인이 겪은 부정적인 경험 때문인 것 같습니다. 그들을 마치 '남의 돈을 탐하는 세력'처럼 간주하니 말이지요.

만수 형은 "적게나마 실적부터 내는데 집중하라"고 역설합니다. 사업을 시작했으면 돈을 벌 생각부터 해야지, 남의 투자부터 끌어들여 규모부터 갖추려는 건 위험천만한 발상이라는 겁니다.

더구나 투자받아 사업을 시작한 회사가 불과 1년도 안 지나서 돈을 모두 쓰고 다시 외부 자본을 끌어들이는 태도는 문제가 있다는 것이지요. 만수 형의 표현에 따르면 '요즘 스타트업은 돈 잡아먹는 불가사리' 같다고 합니다.

만수 형의 경영철학은 인생관으로 연결됩니다.

> "인생은 만만치 않기에 넘지 못할 선은 분명히 있다. 하지만 인생은 마음먹은 만큼 이루어지기도 한다. 마음먹은 데까지는 어떻게든 해보는 거다."

많은 분이 '인생을 바꿔보려고' 스타트업 세계로 나오

셨을 겁니다. 고군분투 미래를 꿈꾸는 여러분은, 만수 형의
경영철학 가운데 어떤 부분이 가장 마음에 드는지요.

회사에서 가장 큰 문제는사장이다

사장부터 장사꾼이 돼야

지인의 아버님이 작은 회사를 창업했습니다. 그간 몸담았던 큰 기업의 CEO 자리에서 물러나 소박하게 시작한 사업이라고 합니다. 아들이 소개한 엔지니어를 만나 첨단 사업을 벌인 것입니다.

그런데 회사를 차려 제품을 생산한 것까지는 좋았는데, 기술력이 문제였습니다. 선진 제품을 고급 수준으로 만들기 위한 기반이 턱없이 부족했습니다. 그래도 동남아 등에서 주문이 들어오는 터라 매출은 그런대로 올릴 수 있었으니 다행이지요. 약 10개월간 국내 외에 1,000대 이상을 팔았습니다.

다만 이따금씩 타진해오는 고급품 수요가 골칫거리였

습니다. 몇 대 되지 않는 고급품 때문에 계약을 놓치는 경우가 발생했습니다. 비상조치를 강구해야 할 지경에 이르자 생각해낸 방도가 '마케팅 협력'이었습니다.

대기업 연구소 출신이 세운 회사가 고급품 개발에 성공했다는 소식을 듣고 머리카락이 허연 노인네가 찾아가 제안을 했답니다. "우리는 해외 마케팅 채널이 있으니 당신들의 고급품을 팔아주겠소. 당신들에게도 중급품 주문이 들어온다면 우리 제품을 팔아주는 게 어떻겠소."

판매 성과와 마케팅 현황을 구구절절 설명했답니다. 그런데 젊은 사람들의 표정을 살펴보니 내키지 않는 기색이었다고 합니다. 아버님이 "그동안 몇 대나 팔았느냐"고 물었습니다. 대답이 "10대도 못 팔았다"고 합니다. 고급품 쪽은 아직까지 초기 시장이기도 합니다. 가격이 비싸서 수요가 한정적이라고 하네요.

"계속 안 팔리면 어떻게 할 거냐"는 질문에는 "고급 시장이 금방 커질 것이니 걱정 없다"고 응수합니다. "제품을 판매하기 위해 어떤 노력을 기울이고 있는가"에 대한 답변이 동문서답이긴 해도 그럴 듯합니다. "우리 기술이 인정받기 때문에 시장만 열리면 된다"는 것입니다. 패기만만입니다. 제품 값을 깎자고 덤벼드는 사람들에게는 팔지 않는다는 게 원칙이라고 합니다.

대충 듣기에도 그분들의 실력이 대단한 것 같습니다. 탁월한 기술력으로 급성장할 시장에 대비해왔다면 그럴 수도 있습니다. 공들여 탁월한 제품을 만들어 냈으니 애착이 대단할 수밖에요. 물건 가격을 흥정하는 바이어가 밉게 보일만도 합니다. 게다가 칠순 넘은 노인이 마케팅 협력 제안을 하니, 미덥지 못했을 수도 있습니다. 이런저런 이유로 협력이 필요 없다고 단정했을 것입니다.

하지만 물건을 팔아 수익을 올려야 하는 기업 입장에서 볼 때, 더구나 판매 성과가 미미한 초기 기업 입장에서 볼 때, 판로를 개척한다는 것은 중차대한 일입니다.

제휴가 무산되자 실망한 아버님의 말씀은 이랬습니다.

| "안 팔 걸 왜 만들어?"

아버님은 그들의 마케팅 협력 제안 거절이 '물건을 팔지 않겠다'는 것쯤으로 여겨졌던 모양입니다. 수십 년간 여러 기업의 '대표 영업사원'으로 활약하면서 한 푼이라도 이익을 내는 데 골몰한 이분의 사고방식으로 보면 그 회사 사람들을 '제품 파는 데는 관심이 없는 부류'로 인식하신 것 같습니다.

일부 스타트업에서 'AM'에 확신을 보이는 분을 심심

찮게 만납니다. 'AM'이란 'Automatic Marketing'입니다. 제가 어거지로 만든 말입니다만, '기술이 좋으면 영업은 자동으로 풀린다'는 의미입니다. 좋은 말로 '앉아서 장사한다'는 생각이지요.

스타트업 사람들이 설립 초기에 이런 생각을 곧잘 합니다. 제품이나 개발 실적이 나오기 전에는 믿음이 대단합니다. 제품만 나오면 엄청난 일이 벌어질 것이라 믿어 의심치 않습니다. 하긴 이정도의 확신이 없다면 그 힘든 창업을 어떻게 했겠습니까?

그러나 막상 결과가 나오면 '시장'이 만만치 않다는 걸 실감합니다. 이토록 좋은 제품에 왜 관심이 없는지, 이해할 수 없을 정도로 시장 반응이 냉랭합니다. '조만간 대박이 터질 거'라고 위안해도 내심 불안합니다. 우리 제품으로 선뜻 구매선을 돌리지 않는 사람들이 야속하기도 합니다.

한데 아버님은 "앉아서 머릿속으로 장사를 하려고 해서 그렇다"고 합니다. 좋은 제품이나 서비스를 개발하는 것과, 그걸 판매하는 것은 별개의 행위인데, 마치 하나인 것처럼 혼동하기 때문이라고도 합니다.

이른바 '개발자의 환상'이지요. 모두가 고도의 첨단 제품 개발에만 주력한 채 물건만 나오면 게임이 끝난다고 착각합니다. 하지만 시장은 고급 제품만 원하지 않습니다.

사장부터 장사꾼이 돼야

의외로 시장은 보수적이라고 합니다. 자동차의 경우 좋은 소재로 획기적인 부품을 개발한들, 자동차 메이커들이 거들떠보지도 않는 사례가 비일비재합니다. 부품 메이커 입장에서는 하루빨리 계약을 맺고 납품하고 싶지만 완성차 업체들은 차일피일 미루기만 합니다. 지금 사용하는 부품에 문제가 없는데 굳이 위험을 감수할 생각이 없는 것이지요. 자동차의 핵심은 안전성 아니겠습니까?

다른 시장도 그럴 때가 많습니다. 아무리 첨단이라도 검증되지 않은 제품이라면 채택을 꺼리는 게 실무자의 심리입니다. 괜한 책임을 지고 싶지도 않거니와 이제 겨우 사업을 시작한 스타트업에 '시험 무대'를 제공하려는 생각도 없습니다.

기세 좋게 시작한 스타트업 사람들의 초창기 자신감 가운데 하나가 "이럴 거라면 더러워서 안 팔고 만다"일 겁니다. 이런 경험 하나씩은 가지고 있습니다. 힘들게 제품을 만들어 판매했더니 '거저'나 다름없는 가격에 넘기라는 '강도'들이 나타납니다. 병아리 오줌만큼 주문하면서 갑질을 하려듭니다. 몇 차례 네고를 진행하다가 "당신들 말고도 팔 곳은 많다"며 신경전이 벌어지고 마침내 협상이 깨집니다.

그러나 대기업처럼 장사할 수 없는 곳이 이쪽 동네입니다. 월급쟁이 시절에는 '수 틀리면' 안 팔아도 월급이 꼬박꼬박 나오지만 그만그만한 기업끼리 머리 터지게 싸워야 하는 스타트업 세계에서는 실적이 생존을 좌우합니다. 남다른 기술 자체가 회사의 매출을 올려 직원들에게 월급을 주지 않습니다.

장사꾼 마인드가 부족한 엔지니어 출신 CEO는 영업맨을 좀처럼 이해하지 못합니다. "좋은 물건을 내다 팔지 못하는 멍청이"라고 폄하하는 경우도 있습니다.

하지만 시장의 냉정함 이면에는 늘 교훈이 있습니다. 팔리지 않는 물건에는 그만한 이유가 있는 것이죠. 애초부터 기획이 잘못되었거나 가격 정책 또는 효용성에 문제가 있을 가능성이 높습니다.

대기업처럼 물량공세를 펼쳐 고객이 스스로 찾아오게 할 수 없는 소기업으로서는 발로 뛰어 판로를 개척할 수밖에 없습니다. 그 최전선에서 죽기살기로 싸우는 총알받이가 바로 영업사원입니다. 영업 조직을 아끼지 않는 기업이 성공했다는 이야기를 들어본 적이 없습니다.

어찌 보면 우리 스타트업 사람들이 지나치게 첨단기술에 의존하는 것은 아닌가,라는 생각도 듭니다. 모두가 기술만을 강조합니다. "경쟁사는 이 정도인데, 우리는 그 수준을 뛰어 넘었다"는 얘기를 많이 합니다.

하지만 고객 입장에서 볼 때 '어느 정도 구현하면 만족스럽고 가격은 얼마면 적당하다'라는 또 다른 기준이 있습니다. '기왕이면 다홍치마'라고 돈을 더 들여 좋은 제품을 살 수도 있겠지만, 그렇지 않을 때도 많습니다.

영업사원은 두 부류가 있다고 합니다. 한 부류는 고객의 요구조건이 까다로우면 설득해서 맞춰보려 하는 반면, 다른 부류는 그런 고객을 만난 자신의 운명을 한탄합니다. 전자는 조금이라도 팔아 물량을 늘리려 하지만, 후자는 주로 '큰 건'을 노립니다. 성공하는 프로 세일즈맨은 앞쪽의 성향입니다.

결국, 몇 안 되는 거래선으로부터 사업을 차근차근 넓혀가는 것입니다. 스타트업이 마케팅 전쟁에서 성공하는 길은 하나밖에 없습니다. 그것은 단 한 명의 고객이라도 '열성 팬'으로 만드는 것입니다.

CEO부터 장사꾼이 되어야 기업이 살아남을 수 있습니다. 장사꾼은 팔리지 않을 물건을 만들지 않습니다. 고객에게 물건 하나를 팔아도 다릅니다. 이들이 판매하는 것은 고객의 흥미와 만족입니다. 물건은 상징일 뿐이라고 합니다.

사람을 만나 서로 이익을 나누는 기술은 무척 중요합니다. 앞서 말씀드린 아버님의 경우, 동남아 판매망을 개척하기 위해 무진 애를 썼습니다. 현지 딜러와 이메일을 수십 차례 주고받았으나 지지부진하자, 노트북PC 하나 둘러매고 비행기에 올랐답니다. 찾아가서는 1시간 만에 협상을 끝냈다는군요. 그 연세에 말입니다.

아버님의 말씀은 이렇습니다.

| "역시 장사는 얼굴을 봐야 제대로 이루어지는 것이지."

사장부터 장사꾼이 돼야

사람의 1년은 회사의 10년

기업 경영자 분들께서 이 글을 얼마나 보실지 모르겠습니다. 여러분께만 드릴 말씀이 있습니다. 직원을 어떻게 생각하시는지요.

제가 20여 년 전 사회로 나왔을 때까지만 해도 직장인들의 자세는 한결같았습니다. 이런 표현으로 요약됩니다. "무조건 맡겨주십시오. 이 한 몸 던져 회사를 위해 장렬히 불태울 각오가 되어 있습니다." 비장미가 물씬 풍기는 '조직'으로서의 회사 이미지가 강했던 시기였습니다. 신입사원을 뽑는 면접에서 '성실함(충성도)'을 가장 주요 평가항목으로 삼는 것이 일반적이었습니다.

그러나 몇 번의 경제위기를 겪으면서 사람들의 인식이

바뀌기 시작했습니다. "뼈 빠지게 일해도 돌아오는 것은 없다. 평생 이렇게 이용만 당할 것인가." 구조조정 칼 바람에 명예퇴직으로 쫓겨나는 선배들을 보며 만감이 교차했을 것입니다. 미래를 떠올리다 보면 '본전 생각'이 나게 되어 있습니다.

이런 의식 변화가 '스타트업 열풍'으로 이어집니다. 금융-산업 구조조정의 와중에서 자연스레 '3박자 시스템(간접금융에서 직접금융으로, 저금리 체제로 인한 자금의 주식시장 유입, 정부의 벤처 육성 의지)'이 갖추어진 것도 배경이겠지만, 사람들의 심경 변화 또한 크나큰 변화 요인이었던 것 같습니다.

'이제는 스스로 주인이 되어 사업을 해보자'는 것 말입니다.

하지만 상당수의 CEO는 '나의 사업'과 '직원'의 유기적 관계에 대해 별다른 생각이 없는 듯 보입니다. '직원은 사업을 구성하는 주요한 팩터(노동력) 가운데 하나다'라는 교과서적 인식을 가진 분들이 눈에 띕니다.

이런 분들의 눈에는 직원의 '인생'이 들어오지 않습니다. 스스로 주인이 되기 위해 사업을 시작했으면서도 '다른 인생'에 특별한 관심을 기울이지 않습니다.

어떤 회사의 CEO를 만났더니 이런 말을 하시더군요.

> "참된 경영인은 제대로 된 인생관을 가진 사람이다. 항상
> 남의 인생을 이용해 먹고 있는 것은 아닌가 생각해야 한
> 다. 남의 인생과 나의 인생을 함께 일구어 나가고 있는가
> 하는 문제를 진지하게 접근해야 한다. 남의 인생을 망치고
> 있다는 판단이 든다면 사업을 다시 생각해 보아야 한다."

가슴 시린 말입니다. 세상에 소중하지 않은 인생은 없
습니다. 여러분과 함께하고 있는 직원 모두 집에서는 애지
중지하는 아들딸이며 가장이기도 합니다. 여러분의 인생이
그렇듯이 그들의 인생 또한 귀중합니다.

법인(회사)과 자연인(구성원) 간에는 명백한 차이가 있습
니다. 법인의 수명은 얼마나 사업을 잘 하느냐에 달려 있지
만, 잘만 하면 백 년 이상을 버틸 수도 있습니다. 서구사회
를 보면 자본주의의 역사와 함께 시작됐으나 아직도 왕성
한 활동을 벌이고 있는 기업이 여럿 발견됩니다. 반면, 자
연인은 백년을 버티지 못합니다. 아주 단순한 논리로 '사람
은 죽기 때문'에 한번뿐인 인생은 소중합니다.

그렇다면 사업을 위해 만난 인생과 인생을 참되게 연
결시켜주는 고리는 무엇일까요.

오래 전 작고한 모 재벌 그룹 회장이 남긴 일화로 궁금증을 풀어봅시다. 그는 말년에 계열사 사장들을 모아놓고 회의를 하는 자리에서 뜬금없이 질문을 했다고 합니다. 고담준론 수준의 이야기인데다 실제로 이런 일이 있었는지는, 간접적으로 전해들은 저로서도 잘 모르겠습니다.

회장	"회사는 무엇으로 운영되나?"
계열사 사장단	(서로 눈치를 살피며 한참을 주저하다가) "회장님의 뜻이지요."
회장	"그것 말고 다른 것 말이야."
계열사 사장단	"규정과 사규 아닙니까?"
회장	"맞다. 조직사회에는 규율이 있어야지. 만약 규율에 없는 일이 일어난다면 어떻게 해야 하지?"
계열사 사장단	"관행에서 유추해야겠지요."
회장	"그럼 당신들은 왜 필요한가? 규율이나 관행으로 회사가 굴러가는데."
계열사 사장단	(묵묵부답)
회장	"오랜 경험으로 룰을 만들고 집행하라고 있는 거야. 이 밥통들아."
회장	"시대 흐름에 따라 관행도 규율도

사람의 1년은 회사의 10년

바뀌는데 안 바뀌는 게 있어. 그게 뭐지?"

계열사 사장단	(묵묵부답)
회장	"믿음이야. 믿음."

그러나 서로에 대한 막연한 믿음만으로는 부족합니다. 막연한 기대는 언젠가 까마득한 낭떠러지에 떨어지고, 조직을 위기로 몰아가는 원인이 되기도 합니다. 믿음은 조직의 비전과 결합한 네트워크형으로 견고하게 연결되어야 합니다.

직원을 대상으로 '잔 머리'를 쓰는 CEO가 꽤 많은가 봅니다. 지키지도 못할 약속을 남발하면서 하루하루 면피로 사업을 굴리는 경영인 말입니다. 이분들께는 그럴 수밖에 없는 이유가 있다고 보입니다. 직원들을 믿지 못하기 때문입니다.

'내가 솔직하게 회사의 현실을 털어 놓는다면 저 녀석들이 과연 남아 있을까' 하는 의구심과 패배의식이 경영인을 '오버'하게 만듭니다. 그러나 나를 믿고 따르게 하려면 상대를 먼저 믿어야 한다는 것이 세상의 이치인 것 같습니다.

어떤 스타트업 경영인을 만났더니 회사 구성원의 면면에 대한 자랑이 대단하더군요. 미국 유수의 대학에서 MBA 코스를 밟은 전문가와 5개 국어를 자유자재로 구사하는 지역전문가도 그렇지만 모든 직원이 '국내외 내로라하는 학교 출신 일색'이었습니다. 게다가 대부분이 갓 서른을 넘겼을까 말까 한 젊은 사람이었습니다.

회사 자랑에 도취한 CEO는 "우리는 이 정도 사람이 아니면 뽑지 않는다"고 잘라 말합니다. 저는 그분을 만나 이야기를 나누는 시간 내내 마음이 편치 못했습니다. '바로 이 사람이 남의 인생을 이용만 하는 그 부류가 아닌가' 하는 생각이 들었기 때문입니다.

화려한 학력의 소유자가 모인 회사라는 점을 부각시키고자 했는지는 모르겠으나, 그것은 '특정 사업을 벌이는 법인으로서의 경쟁력'과는 직결될 수 없는 노릇입니다.

물론 사람이 밟아온 인생경로는 중요합니다. 하지만 저는 '출신학교'가 그 사람을 규정하는 본질이라고 생각하지는 않습니다. 사회 경험 1년이 학교 수업 10년보다 깊고 묵직할 수 있습니다.

어떤 책인지 기억이 나지 않는데, 이런 대목이 나옵니다. 잡식성으로 책을 읽다 보니, 이 내용이 그 내용 같기도 하고 가물가물합니다. 대략 이런 취지입니다.

사람의 1년은 회사의 10년

"학교에서는 실수를 하지 말라고 가르친다. 실수를 막는 것이 학교 교육의 목적이다. 그러나 거리(시장을 의미합니다)의 배움은 다르다. 당신이 실수를 하면 거리는 벌을 내린다. 그러나 당신은 그 과정에서 학교 교육에서 절대 배울 수 없는 것을 배운다. 실수를 두려워하지 말아라. 그리고 실수에서 배워라."

경영자 여러분이 되도록이면 '거리에서 많은 경험을 쌓은 사람들'을 높게 보는 시각을 갖추기를 바랍니다.

여러분도 이따금씩 만날 때가 있을 겁니다. 고학력과 대기업에서의 실무경험으로 잘 포장된 '선수'보다 평소에는 눈에 띄지 않았지만 조직과 함께 잘 굴러다니는 어눌하지만 듬직한 '동지'를 말입니다.

우리나라 대기업 역시 학교와 다를 바 없습니다. 실수하지 않게 다양한 시스템을 갖추고 있다는 측면에서 말입니다. 시스템은 누군가 실수로 연결될 소지가 있는 튀는 행동을 하면 이를 차단합니다.

반면 스타트업은 거리입니다. 매일 실수하고 이를 만회하기 위해 허우적거립니다. 사업의 출발 자체가 실수였던 경우도 많습니다. 이런저런 굴곡의 과정을 거쳐 빠르게 앞으로 나아갑니다.

실수가 없으면 발전도 없습니다. '거리에서 많은 경험을 쌓은 사람들'은 타인의 실수를 답습하지 않습니다. 자신이 충분히 겪었기 때문입니다. 좀 더 다른 차원의 '고품위 실수'를 하고 '뼈아픈 교훈'을 얻어가며 사업을 함께 일굽니다.

어느 회사나 마찬가지라고 합니다. 대우 받던 사람이 가장 먼저 회사를 박차고 나갑니다. 일이 없거나 능력이 없는 사람이 항상 앞장서 불만을 토로합니다. 상당수 직원들이 회사를 '렌터카'에 비유합니다. 회사를 '내 차'라고 믿어 의심치 않는 직원들은 좀체 만나기 힘듭니다.

사람이 사람을 만나 오랫동안 함께한다는 것은 무척 어려운 일입니다. 이익을 위한 회사일수록 더욱 그렇습니다. 요즘처럼 어려운 시기일수록 서로를 튼튼한 끈에 묶고 격랑을 헤쳐 나가는 공동의 노력이 필요한 것 같습니다.

그 튼튼한 끈은 '삶의 비전'을 함께 만들고 공유하는 것입니다. CEO는 직원의 '동반자'입니다. 회사의 자본금은 동지들이 출자한 '인생'입니다. 세상 무엇과도 바꿀 수 없는 엄청난 자산입니다.

사람의 1년은 회사의 10년입니다. 동지들이 각각의 인생을 기꺼이 출자했다면 수백 년, 아니 수천 년이라는 세월이 사업에 투입되는 셈입니다. 이런 소중한 자산을 가졌다면 그 무엇도 두렵지 않습니다.

사람의 1년은 회사의 10년

L사장이 술고래가 된 이유

L사장은 술이 부쩍 늘었습니다. 전 직장에서는 회식을 피하는 바람에 "몸 사리는 것 아니냐"는 소리를 자주 들었다는데 이제는 '술고래 중에서도 대왕고래'라고 자평할 정도입니다.

경영자라는 자리가 분명, 수많은 사람과 부대낄 수밖에 없는 처지이기는 합니다. 온갖 저녁 약속에 회식, 접대까지 나가다 보면 매일이 술자리의 연속입니다. 그러다 지칠 법도 합니다.

하지만 L사장은 다릅니다. 약속이 없는 날이면 회사에 남아 있는 직원들과 어울려 한잔. 직원들도 손사래를 친다면 생각나는 친구나 선후배에게 연락해 한잔. 다람쥐 쳇바퀴 돌듯 매일 이런 일과를 되풀이 합니다.

전에는 혼자만의 시간에 책을 읽거나 업무 관련 자료를 찾아보고, 자기계발의 시간을 보냈습니다. 하지만 요즘은 틈만 나면 약속을 만들고 아침마다 숙취에 시달리며 후회합니다. 그러다가도 오후 늦게 다시 발동이 걸리니 문제지요.

알코올 중독일까요. 아니면, 사람들과 어울리는 게 너무 행복한 걸까요. 쓸데없는 일에 특히 관심 많은 저는 한동안 그 이유를 생각해 보고 이렇게 결론을 내렸습니다.

외로워서 그럴 것이라고…….

기업을, 그것도 한치 앞을 내다볼 수 없는 모험 기업을 경영한다는 것은 그만큼 외로운 일인 것 같습니다. 일이 잘 풀려서 한동안은 먹고 살 수 있는 계약이 터져도 '그 후에는 또 어떡하지?'라는 고민이 찾아옵니다. 그래서 불안합니다.

신뢰할 수 있는 직원들과 아이디어를 나누면서 희망을 느낄 때도 있지만 대개 잠시뿐입니다. 회의를 마치고 돌아서는 순간, 책임감과 허전함, 외로움이 그의 어깨를 짓누릅니다.

그래서 뭉치기를 좋아하는 모양입니다. 처지가 비슷한

사람들과 모여 술 한 잔에 떠들썩한 대화를 곁들이면 한없이 짓눌러오던 불안감을 잠시 잊을 수 있습니다. 아마도 이게 '술자리 효과'일 겁니다.

스타트업으로 성공한 몇몇 간판스타들도 힘겹던 시절을 술자리의 위안으로 보냈다고 합니다. 각자 호주머니를 털어 편의점 탁자에서 술 마시던 추억을 가지고 있습니다.

그 멤버 중 한 분을 만난 적이 있는데 이렇게 털어놓더군요.

> "불안해서 견딜 수가 있어야지요. 직원들 월급도 못 줘서 아버지 집을 담보로 잡아 은행돈 빌려다가 주고 그랬어요. 다른 친구들은 어떤가 궁금하기도 하고, 쟤들도 잘 버티는데 내가 먼저 망할 수는 없었고. 그렇게 버티다 보니까 여기까지 온 거죠."

별일 아닌 듯 털어놓았지만, 그의 눈가에 언뜻 스치는 쓸쓸한 기운을 읽을 수 있었습니다. 알 수 없는 막연한 미래에 전부를 걸어놓고 얼마나 답답했을까요.

스타트업이 몰린 지역에는 '확신범'이 많습니다. 모두가 자기 사업에 확신이 있습니다. 술자리에서 얘기를 듣다 보면 곧 떼돈을 벌어들일 것 같습니다.

하지만 확신의 커튼 뒤에는 미래에 대한 불안이 동전의 앞뒤처럼 붙어 있습니다. 겁이 나기 때문에, 확신에 힘을 보태기 위해, '억지 희망'이라도 만들어 보기 위해 남들 앞에서 자랑을 합니다. 확신에 찬 것처럼 보일지라도 속마음은 외롭습니다.

경영자의 입장이 되면, 외로움은 숙명입니다. 하지만 아무리 그렇더라도 알코올에 의존하는 건 좋은 선택으로 보이지는 않습니다.

"마음이 허전할 때는 걸어보라"고 의사 친구가 말합니다. 1시간 정도 걸으면 텅 비어 있는 듯한 느낌이 개선된다는 것이죠. 특히 해가 날 때 주변을 둘러보면서 걷는 게 효과가 좋다고 합니다. 이곳저곳 구경이 시각을, 그 밖의 여러 요소들이 청각이나 후각까지 고루 자극하므로 우울했던 기분을 바꿔줍니다. 외로움도 어쨌든, 기분의 일종이니까요.

L사장이 술고래가 된 이유

세상에서 제일 강한 동지의 이름
— 아내

Y사장의 이력을 들은 적이 있습니다. 삶의 어려움을 헤쳐 간다는 게, 어느 정도의 깊이인지 절감했습니다. 큰마음 먹 고 시작한 사업이 CEO로 영입한 선배의 무능력과 도덕 불 감증 때문에 망가졌을 때, 그의 낙심은 예상 외로 크지 않 았다고 합니다. 모든 것을 처분하고 훌훌 털었습니다.

주변 기업들이 구조조정을 벌여 직원들을 대량 해고할 때, Y사장은 한 사람도 내보내지 않았습니다. 스타트업 열 풍에 시류에 영합한 이웃 경영자들이 공모로 끌어들인 돈 을 자랑할 때에도 그는 '각자의 운'으로 돌리며 무덤덤하게 넘길 수 있었습니다.

다만, 어려운 시기를 함께했던 직원들이 돈을 좋는 모

습을, 홈런 맞은 투수처럼 지켜볼 수밖에 없었던 자기 처지가 서글펐다고 합니다.

근 10년간 사업을 하면서 숱한 고생길을 걸어왔습니다. 집안일은 팽개친 지 오래였습니다. 좀처럼 풀리지 않는 계약 때문에 머리가 터질 지경이었으니, '벌어서 직원들 월급 주는 것' 외에는 관심조차 돌릴 수 없었을 것입니다. 살아남아야 한다는 일념으로 헤쳐온 세월이었습니다. 일단 망하지 않아야 성공을 기약할 수 있습니다.

그 노력이 결실을 맺은 것인지 요즘은 형편이 꽤 좋아졌습니다. Y사장의 성실함을 지켜본 고객들이 그의 회사에 일거리를 안겨주고 있습니다. 새 고객도 꾸준히 늘어나는 추세입니다. 이제 한숨을 돌릴만한 시기가 된 것이지요. 당분간은 막연한 불안감을 잊을 수 있을 것 같답니다.

어느 날, 아내가 불쑥 이야기를 꺼냈다고 합니다.

"사업을 한다는 핑계로 오랜 시간 독수공방을 시켰고, 앞으로도 그럴 테니 고독수당을 내놓으라"고 말입니다. 물론 농담입니다. '고독수당'이라는 표현이 재미있습니다.

Y사장은 장난삼아 아내에게 지급해야 할 고독수당을 정산하다가 눈시울을 붉히고야 말았답니다. 함께 겪어온 고난의 세월이 주마등처럼 스쳐 지나가는 거였습니다. 돈

세상에서 제일 강한 동지의 이름 — 아내

으로 환산할 수 없는 잔인한 고통을, 오랜 기간 동안 아내에게 주었다는 자책감이 들었습니다.

컴퓨터 엔지니어였던 Y사장이 사업을 한다고 이야기했을 때, 어렵사리 장만한 아파트를 팔고 남의 집으로 옮겼을 때, 선배가 망쳐 놓은 회사를 살리기 위해 백방으로 뛰어다닐 때, 그의 곁에는 언제나 아내가 있었습니다. 절망에 빠져 힘겨워할 때마다 그에게 믿음으로 위로해준 두 존재가 바로 '신'과 '아내'라고 합니다.

묵묵히 자신을 성원해준 아내에게 얼마만큼의 고독수당을 주어야 할지, 평생을 갚아도 과연 보답할 수 있을지, 알 수 없답니다. 난치병으로 고통 받는 아이의 병수발까지 해가며 옆자리를 지켜준 아내는 그의 백년지기입니다.

K사장의 아내는 얼마 전 대형 할인점에 취직을 했다고 합니다. 부잣집 딸로 석사까지 마친 아내가 맡은 일은 '총잡이'입니다. 바코드 리더기를 들고 손님들이 골라온 물건 값을 받습니다.

하루 종일 서 있어야 하므로 허리도 아프고 발바닥엔 불이 나지만, 스스로 돈을 버는 사실에 보람을 느낀다고 합니다. 덤으로 K사장이 그동안 얼마나 고생했는지도 짐작하게 되었답니다.

아내가 생활 전선에 나선 것은 남편의 수입이 줄어들면서부터입니다. 회사의 자금 사정이 여의치 않자, K사장은 자기 월급을 챙기지 않기로 했습니다. 망할 때 망하더라도 직원들 월급은 밀리지 않겠다는 게 그의 생각입니다.

직원들이 "그럴 수는 없다"며 완강하게 반대하는 바람에 사장 보수를 절반만 깎기로 합의했다지요. 원래도 그리 많지 않았다고 하니 절반이라면 생계비를 대기에도 부족할 겁니다.

그의 아내는 '이번 달부터 월급이 반으로 줄어든다'는 말을 듣고 밤새 뒤척거리더니 어느 날 전화를 걸어왔답니다. "당신의 어여쁜 아내가 수십 대 일의 치열한 경쟁을 뚫고 취직했다"는 것이지요.

"어떤 회사냐"는 물음에 "할인점 총잡이"라고 대답하더랍니다. 부부는 장인 장모가 알게 되면 경을 치게 될 것 같아 쉬쉬하고 있습니다.

K사장은 "연애 시절을 생각하면 아내가 이렇게 변할 수 있다는 사실이 놀랍다"고 말합니다. 멋내기에 익숙했던 '공주과'가 이렇듯 '강인한 생활 전사'로 둔갑할 줄은 몰랐다는 것이지요. K사장은 "집사람이 결혼 패물을 가끔 열어보는 모양새로 보아 여차하면 그것마저 처분하려는 꿍꿍이 같다"며 쓴웃음을 짓습니다.

세상에서 제일 강한 동지의 이름 — 아내

사업이든 결혼이든, 성공의 가장 중요한 요인은 '좋은 동지'를 만나는 것입니다. 서로에게 자신의 인생을 기꺼이 출자할 수 있는 사람끼리 어울려 기업과 가정의 비전을 키워 갑니다. 그러나 서로에 대한 배려 없이 자기 기준만을 상대에게 강요한다면 '동거' 수준에 머물다가 급기야 깨어지겠죠. 한때의 사업동지가 그렇듯이 부부도 헤어지면 남입니다.

저는 사업보다, 가정 경영이 더 중요하다고 생각합니다.

사업은 잘 풀리더라도, 언젠가 은퇴를 할 수밖에 없습니다. 동료와도 헤어져야 하고요. 또한, 사업은 망하더라도 강고한 의지로 다시 일으킬 수 있습니다. 실패로 얻은 교훈이 강력한 재기의 발판을 제공합니다.

반면 아내와 함께하는 생활에 은퇴란 없습니다. 죽음이 갈라놓을 때까지 가정을 공동 경영합니다. 남은 인생을 걸고 함께 경영해가는 '일생 사업'입니다.

따지고 보면 우리가 직장에 나가 돈을 버는 이유도 자신과 가족을 위해서입니다. 아내와 아이의 보다 나은 생활을 위해 적당히 사기도 치고 아부를 떨기도 합니다. 자존심이란 게 어떻게 생겨먹은 것인지도 잊은 채 '갑'을 만족시키기 위해 물불을 가리지 않습니다.

물론 모든 아내가 남편과 고통을 분담하는 건 아닙니다. L
씨는 스타트업에서 나와 대기업 연구소로 돌아갈 생각을
하는 중입니다. 스톡옵션을 약속 받고 자리를 옮길 때 '잘
했다'고 박수를 쳤던 아내가 얼마 전 짐을 싸 들고 친정으
로 가버렸다고 합니다. 회사 형편이 어려워져 월급이 많이
줄었는데 아내가 "왜 그런 회사로 옮겨서 나를 고생시키느
냐"며 몰아치는 통에 싸움이 벌어진 것이죠.

기업도 그렇지만 가정에서 분란이 생기는 가장 큰 원
인은 바로 돈 문제입니다. 주변에 수두룩한 고부 갈등 역시
한 꺼풀 벗겨 보면 돈 문제에서 비롯되는 경우가 많다고 합
니다.

저도 최근에 부부싸움을 했습니다.

사소한 일이 발단이었는데 불만을 들춰보니, 역시 돈
문제더군요. 은행 대출 원리금 갚고, 적금 붓고, 자동차 보
험료에 아파트 관리비, 온갖 경조사비를 빼고 나니, 생활비
가 16만 원밖에 남지 않았다고 아내가 푸념할 때에는 제대
로 듣지도 않다가, 다른 일에 버럭 짜증을 냈던 겁니다. 제
무능이 들춰지는 게 싫어서요.

적금이라도 깨자고 했더니, 죽어도 그럴 수는 없다고
합니다. 아내의 울음에는 못난 배우자를 만나 '힘들게 사는
서러움'이 깊이 배어 있는 것 같아 가슴이 쓰립니다. 가까

이에서 늘 응원해준 아내에게 고맙다는 빈말 한번 해준 적이 없는 것 같습니다. 그래서 마음이 더 아픕니다.

잠시만 시간을 내어 돌아봅시다. 아무리 세상을 둘러보아도 아내만 한 동지가 없습니다. 쥐꼬리만 한 생활비로 가정 경영을 꾸려가며 잉여금(적금)까지 쌓아가는 아내는 위대한 경영자입니다.

우리는 주변의 모든 사람과 언젠가는 헤어집니다. 눈에 넣어도 아프지 않을 귀여운 아이도 머지않아 제 살 길을 찾아 떠나겠지요.

모든 이가 떠나가지만 내 곁을 떠나지 않는 사람이 있습니다. 눈을 감는 순간까지 함께하는 '평생의 경영 파트너', 바로 아내입니다. 아내는 세상에서 제일 강한 동지의 이름입니다.

직원과 직장 사이 | 2부

타잔에게 배우는 것들

타잔을 아시나요? 오래된 영화 속 타잔 말입니다. 월트 디즈니의 만화영화로도 만들어져 어린이들의 사랑을 받기도 했지요. 예전에 '정글의 타잔에게 배우자'는 경영론이 유행했는데, 썩 재미있었습니다.

신생기업의 CEO가 '벤처 생존전략'을 만들어 홍보하며 유명해졌습니다. 그 내용은 이렇습니다.

> '팬티만 입는다'
>
> ⋯▸ 타잔이 팬티만 걸치고 지내듯 긴축재정은 필수. 무리한 사업 확장도 실패의 화근이 될 수 있다.

'힘이 되는 동물을 친구로 만들어라'

···→ 타잔이 혼자서 싸우기 어려울 때 동물을 부르듯 다른 기업과의 전략적 제휴와 협력을 강화한다.

'강인한 체력이 필요하다'

···→ 타잔 하면 구릿빛 육체미가 연상되듯 벤처기업은 경쟁력 있는 기술력과 아이템이 있어야 한다.

'줄을 잘 탄다'

···→ 밧줄타기의 명수 타잔처럼 벤처는 자신만의 네트워크를 잘 형성해야 한다.

'제인과 동거한다'

···→ 타잔이 문명세계에서 온 제인과 함께 사는 것처럼 벤처기업은 시너지 효과를 위해 관련 기업과 짝을 맺어야 한다.

'잘했어, 치타'

···→ 타잔에게 조수 치타가 있듯이 벤처기업 CEO에게는 열정적인 직원이 있어야 한다. 칭찬을 자주 해야 회사에 대한 로열티가 생긴다.

'침입자로부터 정글을 보호한다'

⋯▸ 모럴 해저드에 빠진 일부 기업 사냥꾼으로부터 자신의 세계를 보호해야 한다.

'고릴라가 키웠다'

⋯▸ 고릴라가 타잔을 키웠듯이 벤처기업은 시작부터 혼자 힘으로 살아갈 수 있는 정글의 생존법칙을 배워야 한다.

'학습능력이 뛰어나다'

⋯▸ 타잔이 치타에게 밧줄타기를 쉽게 배웠듯이 벤처기업도 전방위 학습능력을 키워야 한다.

꿰어 맞춘 듯한 부분이 약간 눈에 거슬리기도 하지만, 기업 경영을 타잔의 생존 비결과 절묘하게 결합시킨 측면에서 보기 드문 수작(秀作) 입니다.

이번에는 타잔 이야기를 해볼까 합니다. 하지만 위에서 언급한 '타잔에게 배우기'와는 다른 측면을 보고 싶습니다. 제 주장을 펴기 위해서는 먼저 타잔에 대한 고찰이 필요합니다.

타잔은 미국의 소설가 에드거 라이스 버로(1875~1950)가 1912년에 발표한 소설 *Tarzan of the Apes*로 출간 직후, 상당한 인기를 끌었습니다. 독자들의 호응에 무려 25권이 연작으로 출판되었습니다. 더구나 정글에서 홀로 살아남은 소년이 동물의 왕자로 성장한다는 설정과, 아름다운 제인을 만나 함께 모험을 한다는 줄거리가 미국인에게 크게 어필했습니다.

타잔 영화는 1918년 이후, 지금까지 월트 디즈니의 만화영화를 포함해 모두 50편에 가까운 작품이 제작되었다고 합니다. 물론 아이디어를 빌려다 쓴 모방작 및 아류작까지 포함한다면 100편이 훨씬 넘을 겁니다.

영화에서 주인공 '타잔' 역을 맡았던 배우는 18명에 이릅니다. 1918년의 첫 영화는 거대한 몸집의 사나이 엘모 링컨이 타잔을 연기했습니다. 배우인데 힘이 장사여서 야수들과 진짜로 힘을 겨루었다는 전설이 남아 있습니다.

그 이후로도 타잔 역할은 주로 운동선수 출신 배우가 맡았습니다. 수영선수 출신 버스터 크라베가 1933년에 타잔을 연기한 데 이어 1935년에든 10종경기 출신 허먼 브릭스가 타잔역을 맡았습니다. 1959년에는 UCLA 농구스타 데니 밀러가, 1966년에는 미식축구 선수 마이크 헨리가 맡았습니다.

우리는 타잔, 제인과 더불어 침팬지 치타를 기억하지만 치타는 원작자가 아니라 할리우드가 만들어낸 배역으로, 원작에는 등장하지 않습니다.

'가장 타잔답다'고 평가를 받은 배우는 1932년 "Tarzan Ape Man"이라는 영화를 시작으로 총 12편의 타잔 영화에 등장했던 조니 와이즈뮬러입니다. 그는 5개의 올림픽 금메달을 쥔 수영선수 출신으로 제인을 연기한 모린 오설리번(영화배우 미아 패로의 어머니입니다. 미아 패로는 영화 제작자이자 배우인 우디 앨런의 전 부인이었지요)과 함께 타잔 영화를 최고의 흥행작으로 만들었습니다. 할리우드식 표현에 따르면 "타잔을 연기한 배우는 18명이었지만 타잔은 언제까지나 와이즈뮬러로 기억된다"고 합니다.

루마니아 태생인 그가 수영계에 남긴 혁혁한 성과는 오히려 '타잔'의 그늘에 묻혀 있습니다. 1904년 루마니아에서 태어난 와이즈뮬러는 부모를 따라 세 살 때 미국 펜실베이니아로 이민을 갔는데 병약한 체질 때문에 일찍 수영을 시작했다고 합니다. 1924년 시카고 대학에 재학 중이던 그는 파리 올림픽에 참가해 금메달 사냥을 시작했습니다. 이 대회에서 100m 자유형, 400m 자유형, 800m 자유형 계영을 석권했고 단체 경기인 수구 종목에서도 동메달을 따냈지요. 4년 뒤인 1928년 네덜란드 암스테르담 올림픽에서는 100m 자유형과 800m 자유형 계영에서 다시 두 개의 금메달을 따냈습니다.

10년에 걸친 선수생활 동안 51차례 세계신기록을 세웠고, 각종 세계대회에서 모두 67차례 우승을 차지하는 등 참가한 모든 경기에서 1위를 놓친 적이 없다고 알려져 있습니다.

와이즈뮬러가 18명의 배우 가운데 '가장 타잔다운 타잔'으로 추앙받는 이유는 그가 '가장 능숙한 타잔'이었기 때문입니다. 그는 16년 동안 12편의 영화에 출연하며 흑백영화 시대의 영웅으로 확고히 자리를 잡았습니다.

우리가 '타잔' 하면 가장 먼저 떠올리는 장면이 '줄 타고 날아가기'입니다. 악당을 잡기 위해, 혹은 사나운 원주민 마을에 감금된 백인 탐험가를 구출하기 위해(요즘 관점에서 보면 인종주의적 편견이 깔려 있습니다만) 밀림을 가로질러 갈 때 타잔이 가장 많이 쓰는 기술이 바로 줄타기입니다.

높은 나무에 늘어진 기다란 줄이, 타잔만이 알고 있는 요소미디 준비되어 있어 요긴하게 활용됩니다. 타잔이 보여주는 액션 신의 상징이기도 합니다.

타잔을 주의 깊게 봤다는 후배의 지적에 따르면 '능숙

한 타잔'과 '얼치기 타잔'을 구분할 때 기준은 '줄타기 자세'라고 합니다.

와일즈뮬러 같은 능숙한 타잔은 줄타기 자세가 다릅니다. 줄을 과감하게 놓고 다음 줄로 손을 뻗칩니다. 그래서 체공 시간이 깁니다. 마치 날아가는 것 같지요. 당시는 컴퓨터 처리기술이 발전하지 않았을 테니, 대부분의 줄타기 장면은 연기자의 힘과 기술에 의존했을 것입니다. 몇몇 타잔 연기자가 숱한 부상을 이유로 출연을 고사했던 이유도 이런 위험 때문이었습니다.

반면 얼치기 타잔은 줄을 쉽사리 놓지 못합니다. 한 손으로 앞줄을 잡고 다른 손으로 뒷줄을 놓는 방식으로 전진합니다. 그래서 동작이 굼뜨고 칠칠치 못하게 보입니다. 편집기술을 이용해 빠르게 움직이는 듯 조작도 해보지만, 두 손 모두 줄을 잡은 장면까지는 어떻게 할 수 없습니다.

두려움 때문입니다.

앞서 말씀드린 대로 타잔 역할은 미국의 간판급 운동선수 출신이 맡았지만, 두려움은 운동 능력과는 또 다른 차원이니 촬영 현장에선 기대만큼 실력을 발휘하는 게 여의치 않았을 겁니다.

실제로 상당수의 타잔은 '떨어질지도 모른다는 두려움'에 사로잡혀 과감한 연기를 할 수 없었습니다. 그 결과, 몸

　　　　　　　타잔에게 배우는 것들

을 던져 실감나는 액션 연기를 보여준 와이즈뮬러만이 수십 년이 지나도록 '진짜 타잔'으로 남아 있는 것이지요.

몇몇 경영자를 보면, 타잔의 줄타기가 생각납니다. 창업이라는 새로운 줄을 잡았지만 뒷줄(교수, 연구자) 역시 강하게 붙잡고 버팁니다.

그렇게 매달려 있는 사이에 경쟁자들은 저 멀리 앞서 갑니다. 어정쩡한 포지션 때문에 중차대한 의사결정이 늦어지지만, 그들의 사고 중심에는 퇴로를 먼저 확보하려는 '안정 희구의식'이 굳건합니다. 맞습니다. 이분들은 좀처럼 리스크를 안으려 하지 않습니다.

한 교수 출신 사업가는 최근 간판을 내리고 학교로 돌아가면서 실패 이유를 시장 탓으로 돌렸습니다. "우리 시장이 미성숙한데, 너무 앞선 개념을 도입했던 것 같아요. 우리나라는 아직 멀었어요. 그럼에도 값진 경험과 좋은 시도였다고 생각합니다."

여기서 입장의 차이가 분명해집니다. 이분에게는 '값진 경험과 좋은 시도'였을지 모르겠습니다만, 그 회사에 젊음을 길었던 직원들은 어떨까요? 회사 간판을 내린 이후, 집기를 정리하고 다른 일자리를 찾아 길을 떠난 직원들 말입니다. 한때 충만했던 이들의 패기와 꿈, 희망은요? 수천만 원 혹은 수억 원을 투자했다가 날린 투자자들은요?

공학박사들이 주축이 된 어떤 스타트업을 보니, '정통 타잔'이 한 명도 없더군요. 모두 양손에 각각의 줄을 잡고 매달려 있는 형국입니다. "물주가 탐욕스러워 함께 일을 못 하겠다"고 떠들면서도 "그래도 월급은 잘 나오고 있으니까 당분간 다녀볼 생각"이라고 합니다. 몇몇 박사는 회사와 대학이 공동 추진 중인 프로젝트를 잘 꾸며서 좋은 결과를 낸 뒤, 교수 임용을 받아보겠다는 포부를 공공연히 드러냅니다. 나눠받은 지분도 있어서, 회사가 나중에 코스닥 등록이라도 하면 큰돈을 벌수도 있으니 일석이조란 것이죠. 또 다른 박사는 기술 개발이나 상품화보다 논문을 써서 업적을 남기는 쪽에 관심을 드러냅니다.

선택의 문제입니다. 뒷줄을 놓지 않으면 앞으로 갈 수 없으니, 그대로 매달려 있을 수밖에요.

기술 계통의 사람들만이 그런 것은 아닙니다. 위험을 즐기려는 사람이 얼마나 되겠습니까.

다만, '앞'으로 움직이다가 떨어질지도 모른다는 두려움, 이미 지나왔기에 안심할 수 있었던 '뒤'에의 미련이 '얼치기 타잔'을 만든다는 사실은 분명합니다. 앞과 뒤, 어느 쪽도 포기하고 싶지 않은 욕심이 전진을 방해 합니다. 하지만 맹수들이 들끓는 밀림에서 오로지 매달려 있는 선택은

먹잇감이 될 확률이 높다는 의미이기도 합니다.

물론 '앞'과 '뒤'는 상대적이며 다분히 관념적입니다. 마음먹기에 따라 '뒤'가 '앞'으로 변하고 그 반대가 되기도 합니다. 그러니 목표를 분명하게 세우는 게 중요합니다. 간혹 두 마리 토끼를 잡는 데 성공하는 사람이 있다고는 해도 그 가능성은 희박합니다.

영화 속 줄타기 장면은 다시 찍으면 그만입니다. 그러나 현실에서는 얼치기 타잔이 살아남기 어렵습니다. 사업은 영화와 다른 현실입니다.

생소한 세계에 대한 두려움은 누구에게나 공통된 감정입니다. 티끌만한 두려움도 없이 사업을 시작하는 사람은 없다고 해도 과언이 아닐 겁니다. 그런데도 정말 원하는 목표를 향해 행동에 옮기는 순간, 그간의 공포가 어디론가 사라진다고 합니다. 실행과 몰입이 공포심을 다른 감정으로 바꿔놓기 때문일 겁니다.

타잔이 사고로 정글에 홀로 남아 살아남으려고 적응한 결과라면, 우리 세상의 타잔은 자기 의지로 정글을 찾아나선 사람들입니다. 양쪽 줄을 붙잡은 채 밀림 관광을 즐길 여유가 없습니다. '언제든 (문명세계로) 돌아갈 수 있다'는 생각을 접어둘 때야 비로소 타잔의 자격요건을 갖췄다고 볼 수 있습니다. 게다가 현실 밀림은 영화처럼 멋들어지지 않습니다. 야수들(경쟁자)은 포악하고 대자연(시장)은 잔인하기 짝이 없습니다.

　자신감 넘치는 '능숙한 타잔'이 많이 나타나 화려한 줄타기 기술을 보여주었으면 합니다. 사람들은 그런 타잔과 함께 밀림의 심장으로 들어가길 주저하지 않을 겁니다.

창업자의 5가지 길

기업 창업자의 포부는 대개 두 가지입니다. 가장 많은 부류가 '전문기업으로 성장하겠다'는 쪽입니다. 해당 분야 기술이나 시장을 잘 알고 있으며 심도 있게 준비한 만큼, 한 우물만 파며 전문성을 발휘하겠다는 것이지요. 반면 그림을 거창하게 그리는 분도 있습니다. 지금 사업을 일구면서도 신규 시장 진출을 통해 그룹으로 만들겠다는 생각입니다.

저는 '벤처가 걸을 수 있는 길'에는 5가지가 있다고 봅니다. 밍할 가능성까지 포함해서 말입니다.

첫 번째는 '전문기업으로 성공하는 길'입니다. '다윗'으로 성공하겠다면 이런 비전도 좋을 것 같습니다. 작은 조직으로 역동적으로 움직이며 사세가 커지더라도 '내 밥그릇은 하나일 뿐'이라고 생각하겠죠. 그래서 본업 말고 다른 쪽에는 눈을 돌리지 않으려 합니다.

이분들은 가장 경계해야 할 대상으로 관료주의를 꼽습니다. 한때 '스타트업 성공의 대명사'로 불리던 기업에 엄청난 군살이 붙고, 마침내 쇠락해 가는 모습을 보면서 뼈저리게 느꼈던 모양입니다. 하지만 특정 분야의 전문기업으로 성공한다는 건 말처럼 쉬운 일은 아닌 것 같습니다. 환경이 너무 빨리 변하기 때문입니다.

두 번째 가능성은 '스스로 대기업이 되는 길'입니다. 실제로 스타트업으로 크게 성공한 몇몇이 이렇게 됐습니다. 신규 분야를 인큐베이팅 한 뒤에 그 사업을 분리, 독립시키기도 합니다. 본업과는 관계가 없는 것처럼 보이는 엉뚱한 사업에 진출해서 화제를 모으기도 합니다. 사업 네트워크를 잘 만들어 모회사와 자회사의 가치를 끌어올리고 규모를 키우는 것이 목표입니다. 풍부한 자금으로 금융 계열사도 만듭니다. 일부에선 이런 사업 모델을 '머니 게임에 몰두한다'고 욕합니다.

세 번째는 '기업을 잘 키워서 매각하는 길'입니다. 회사의 목표를 'M&A 당하기'라고 말하는 경영자를 거의 본 적은 없습니다. 하지만 잘 일궈놓은 기업을 좋은 조건에 매각함으로써 주주와 경영진, 직원들이 만족할 수 있다면 M&A도 좋은 방편이라고 생각합니다. 특히 엄청난 규모의 연구개발 비용이 필요하고 제품화에 오랜 시간이 소요되는 분야라면, 더욱 그럴 필요가 있습니다.

네 번째 가능성은 '그럭저럭 입에 풀칠하며 생존하는 길'입니다. 통상적으로 스타트업의 성공률이 5%에도 이르지 못한다고 하니, 대개 '입에 풀칠하는' 범주에 그칠 가능성이 높을 것입니다. 말이 쉬워 코스닥 등록이지, 매출을 수십억에서 수백억 끌어올리기도 어렵거니와 심사 기준을 충족시킬 만큼 이익을 내는 것 또한 요원한 일입니다.

어떤 엔지니어 출신 경영자를 만났더니 '소박한 꿈'을 피력하시더군요. "공장 하나 차려 제품 뽑아내면서 먹고 사는 게 소원"이라고 합니다. 성공의 기준과 바람은 사람마다 다를 테니 '적당히 먹고 사는 정도의 성공'도 괜찮을 듯싶습니다. 남들이야 뭐라든 나는 나대로 일을 하면서 재미있게 살면 된다는 확신만 있다면 말이죠.

마지막 가능성은 '망하는 길'입니다. 혼신을 다해 노력했으나 기업 생명을 유지하는데 실패했다면 어쩔 수 없습니다. 조용히 간판을 내리고 다른 가능성을 모색할 수밖에요.

중견기업 경영자가 어떤 신문에 기고한 칼럼이 생각

납니다. 요즘 경기가 너무 좋지 않아 잠을 설치고 아침밥도 제대로 먹지 못 했더니 그분의 어머니가 이렇게 말씀하셨다고 합니다.

> "언제는 세상 사는 일이 쉬운 적이 있었니? 뭘 그렇게 걱정하고 그래? 닥치는 대로 살면 되지."

맞습니다. 닥치는 대로 살아봅시다. 그러다 보면 어떻게든 길이 보이겠지요.

똑똑한 사장님은 싫어요

한 스타트업 직원으로부터 메일을 받았습니다. 장문의 메일이었는데 이런 내용입니다.

"안녕하세요. 저는 스타트업에서 관리업무를 맡고 있습니다. 저희는 직원이 XX명쯤 되는데 상근인력은 사장님을 포함해 XX명이지요. 아르바이트 인력도 몇 사람 있습니다.

너무 바빠서 밤인지 낮인지, 무슨 요일인지 무신경하게 일을 하고 있지만, 그러다가도 마음 한 곳에 허전함이 밀려올 때가 있습니다. 왜 그런지 생각해본 적이 없었는데, 한상복 님의 연재 칼럼을 읽던 중 우리 회사도 꼼꼼하게 짚어봐야겠다는 생각이 들었습니다.

현재 기술의 핵심은 사장님이 가지고 계십니다. 우리 회사만의 노하우를 전담하고 계시죠. 하지만 저도 원래는 엔지니어 출신입니다. 어쩌다 경영 관리를 맡게 됐지만 기술개발부터 디자인이나 영업, 계약 등 회사 돌아가는 전반에 두루두루 관여하고 있습니다.

그래서 제가 오늘 말씀드리고 싶은 얘기는…….

첫째로 업무에 대한 사장님의 편견입니다. 개발자 출신이라서 그런지, 개발 이외의 부분(디자인, 관리, 영업 등)을 너무 하찮게 여깁니다. 그러다 보니, 일을 일관되게 추진하지 못하는 경향이 있습니다. 개발까지는 그런대로 이뤄지는데 그 이후에 이랬다가, 저랬다가 하느라 수시로 방향이 바뀝니다.

결국에는 개발 파트 외의 실무자들이 욕을 먹지요. "죽어라 개발을 해놨는데 너희들은 이렇게밖에 못하느냐"는 평가를 받고요. 개발 담당 외에는 듣는 이가 모두 힘이 빠집니다.

사장님은 "내가 제일 고생한다"면서 불평을 입에 달고 사십니다. "뭐든 내가 챙기지 않으면 돌아가지 않는다"고 푸념하면서 말이죠. 하지만 사실은, 직원들을 신뢰하지 않기

똑똑한 사장님은 싫어요

에 이런 일들이 벌어지는 것 아닐까요?

둘째로, 이런 사장님 때문에 직원들의 마음이 멀어져 간다는 겁니다.

사장님 성격이 논리적이고 분명한 건 좋은데, 그게 직원들을 대할 때에는 독이 된다는 점도 그렇습니다. 이분을 한마디로 표현하자면 '논리적으로 따져 결함을 짚어내어야만 직성이 풀리는 스타일'이라고 할까요?

디자인이든 마케팅 담당자든, 그저 살짝 칭찬해주면 알아서 챙길 수도 있는 부분이 있잖아요. 그런데 하나하나 따지고 들다 보니 회의가 길어지고 분위기가 가라앉고, 마침내는 모두에게 스트레스만 남습니다.

회식 자리도 그래요. 작은 말실수 몇 마디에도 사장님의 논리정연한 반박을 들어야 하니 피곤합니다. 술 한 잔 마시고 속내를 털어놓을 때조차 머릿속으로 온갖 시뮬레이션을 해본 다음에야 입을 떼게 됩니다. 그렇지 않으면 꼬투리를 잡혀 질책을 들어야 하니, 사장님이 "불만 있으면 허심탄회하게 얘기하라"고 해도 모두 눈치만 봅니다.

셋째로, 전문성을 높이기 위해 노력할 시간이 없어요. 빠듯한 인력이다 보니 개발이나 디자인, 영업이며 관리 사람들 제각각 자기계발에 투자할 여유가 없습니다.

저만 해도 엔지니어로서 뒤지지 않으려고 늘 신경을 씁니다. 하지만 회사에서는 시간이 없어서 퇴근 후에 새벽까지 최신기술 자료를 읽고 공부합니다. 그 결과, 몇 시간 못 자고 출근해서 종일 사장님에게 시달리다 보면 왜 이렇게 사나 싶습니다.

조금만이라도 인원을 보강하자고 해도, 사장님은 "우리가 그런 여유가 어디 있느냐"면서 일언지하에 거절합니다. 이 회사가 마음에 들고 아이템도 저랑 잘 맞아서 들어왔는데, 정작 회사에 출근을 하면 매일 혼란스럽고 실망스러워 어찌 해야 할지 모르겠습니다.

업무 부담은 점점 커지고 사장님이 다그치는 바람에 일의 효율은 떨어지기만 합니다. 우리 회사, 어떻게 해야 할까요?"

적지 않은 스타트업의 직원들이 이런 고민을 하는 것 같습니다. 사업 초창기 수준에서 스스로 시스템을 만들어가며 여러 역할을 동시에 수행하다 보니 지칠 수밖에 없습니다.

그런데 위의 글을 보니, 이 경우에는 직원들을 더욱 지치게 하는 요인이 회사의 미흡한 시스템보다는 사장 개인의 성향이라는 생각이 들었습니다.

사실 시스템은 시간과 성과가 해결해 줍니다. 상당 기간 사업을 하면서 실적을 내고 부족한 부분을 채우다 보면 자연스럽게 시스템이 갖춰집니다. 회사가 잘 굴러갈수록 그에 비례해 단단해지겠지요.

하지만 사람 문제는 시간에 맡길 수 없습니다. 볼수록 힘겨운 사람이 조직 안에 있고, 하필이면 그 사람이 CEO 라면 직원들 입장에선 심각하게 생각해볼 필요가 있습니다. 물론 의도와는 무관하게 오해를 사는 CEO도 있을 겁니다. 본심과는 다른 말을 자꾸 하는 바람에 미운털이 박히는 스타일도 없지 않습니다.

이번 주제는 '사장과 직원' 간의 프로토콜입니다. CEO와 임직원이 똘똘 뭉쳐 성공을 향해 질주해가는 경우도 많지만, 그렇지 않은 사례가 더 많은 것 같습니다.

처음에는 '같은 뜻'으로 사업을 일으켜 세우지만, 우여곡절을 겪으며 그 사이에 생긴 균열이 마찰과 불화로 이어지는 경우를 자주 보게 됩니다. 그러다가 마침내 갈라서며 서로 욕을 합니다. 직원들은 사장에게 '사기꾼'이라고 손가락질을 하고, 사장은 자신을 '배반'한 직원들을 향해 '월급루팡'이라며 욕을 합니다.

저는 웬만하면 직원의 편입니다. 직원들을 '월급 도둑'으로 만들어버린 불찰이 CEO에게 있기 때문입니다. 그러니 직원들이 자꾸 떠난다면 사장 자신의 자질을 먼저 의심해보아야 할 것입니다. 직원들의 태도가 티가 날 정도로 바뀌었다면 회사의 경영이 산으로 가고 있다는 징후로 보아야 합니다.

상당수 CEO들에게서 발견할 수 있는 공통적 과오가 있는데, 도를 넘는 '권위의식'입니다. 이는 오너형 CEO들에게서 곧잘 나타납니다. 회사를 '나의 소유물'로 간주하는 경향입니다. 사업 아이디어를 냈고, 원천기술을 갖고 있으며, 자본금 역시 많이 댔으므로 '나의 회사'라는 생각입니다.

이런 CEO는 좀처럼 직원을 믿지 않습니다. 마음에 차지 않는 직원을 볼 때마다 "저 녀석은 일에 비해 월급을 너무 많이 타간다"고 생각합니다. 기대만큼 일을 처리하지 못하면 눈물이 찔끔 날 정도로 혼을 내줘야 직성이 풀립니다. 사장이 나서야 업무가 돌아가므로 항상 피곤합니다. 회사의 역량은 곧 CEO의 능력입니다.

일부 직원이 "지분을 달라"는 요구를 하면 울화통이 터져 잠을 이루지 못합니다. "어떻게 만든 회사인데……" 하는 생각에 사람을 잘못 뽑은 자신을 책망하기도 합니다.

어찌 보면 당연할 수도 있습니다. CEO 스스로가 회사의 주춧돌이고, 다른 식구들은 CEO를 위해 '약간의 일'만 거들어 주는 차원이라면 말입니다. 그러나 '내 회사'라는 신념이 확고하다면 그것은 '주주 회사' 모델로 가지 않겠다는 의지표명으로 보아야 합니다.

스스로를 '똑똑한 경영인'으로 내세우는 CEO가 많습니다만, 맨땅에 헤딩하는 스타트업에서는 능력 이상의 그 무엇이 필요합니다.

'고래 힘줄처럼 질긴 신경'이 그것입니다. 질긴 신경의 끝을 구성원들과 연결해 '어울림의 기업 문화'를 만들어 가는 게 스타트업 CEO의 절대적 과제입니다.

정말로 똑똑한 경영자는 직원들에게 강요하지 않습니다. 이들은 스스로를 '사업의 오거나이저' 정도로 생각하는 경향이 있습니다. 사업을 위한 무대를 만들고, 각 유닛들에게 업무를 정해준 뒤, 자신은 전체를 조화시키는 방향으로 역할을 정합니다.

직원 모두가 만족스러울 수는 없습니다. 상당수는 기대에 훨씬 미치지 못하기 미련입니다. 하지만 그런 직원도 자기 몫을 할 수 있게 기회를 부여하며 교육 훈련시켜 인재로 만들어가는 역할 또한 사장 노릇이기도 합니다. 한데 사장 혼자만 똑똑한 회사는 직원들이 어쩐지 주눅 들어 있습니다. 활기가 없지요.

CEO의 신념을 바탕으로 만들어지는 게 '회사 특유의 분위기'입니다. 면접을 보러온 취업준비생이나 사업기회를 함께 하고 싶은 제휴 – 거래회사는 이 같은 분위기부터 공기처럼 느낄 겁니다.

똑똑한 사장님은 싫어요

'가족 같은 회사'라는 환상

K사장은 지방 자산가의 아들입니다. 20년가량 대학교 교직원 생활을 하다가 선친에게 상당한 자산을 물려받았답니다. 뭘 해볼까 궁리하던 중, 대학 후배와 스타트업을 창업하게 됐습니다.

그런데 갑자기 주위의 만류를 받았습니다. 후배란 이가 몇 년 사이에 열 차례 이상 회사를 만들었다가 접었던 '메뚜기과'였기 때문이지요.

경력이 화려합니다. 이력서 한 장에 모두 쓸 수 없는 분량이지요. 남의 돈을 끌어들여 주식회사를 만들어 놓고는 행세 좀 하다가 곶감 빼어 먹듯 회사 자산을 축내고 또 다른 회사를 차리는 스타일이랍니다. 그러다가 이번에 K사장을 내세워 판을 거창하게 벌인 것이지요.

K사장이 푹 빠진 것은 그의 찬란한 '혀 놀림' 때문이었습니다. 주위의 반대를 무릅쓰고 꽤 많은 자본금을 긁어모아 회사를 차렸습니다. 하지만 후배가 낸 돈은 얼마 안 됩니다. K사장이 "2대 주주를 원하면 최소 2억~3억 원 이상은 내야 하는 것 아니냐"고 했더니, "내 돈 많이 내는 사업은 해본 적이 없다"는 반응이더랍니다.

그럼에도 K사장은 후배의 편이었습니다. 경고하는 주변 사람들에게 "나한테는 친동생 같은 녀석인데, 그를 몰라서 하는 소리"라고 화를 냈다네요.

K사장이 후배의 '도둑질'을 간파한 것은 1년이 조금 지나서였습니다. 부사장 후배에게 일임해 놓고 신경을 쓰지 않다가, 퇴사 직원의 결단 덕분에 알게 됐답니다.

후배가 자기 집 인테리어 공사비로부터 미국 사립학교에 조기 유학 보낸 자식들 학비까지 회사 돈을 빼돌렸다고 합니다. 한번 파헤쳤더니 비리 사실이 고구마줄기처럼 나오더랍니다. 회사 일과 무관한 술값이나 골프장 이용에 큰돈이 나간 것은 두말할 필요가 없지요.

그런데도 K사장은 사실을 액면 그대로 믿으려 하지 않았습니다. "피치 못할 이유가 있을 것"이라며 역성을 들

'가족 같은 회사'라는 환상

었습니다. 친동생처럼 아낀 후배였으니 믿고 싶지 않았을 것입니다. 그래서 그냥 덮어두려고 간부들을 입단속 했습니다.

하지만 소문이 퍼지지 않을 리가 있나요. 직원들이 들고 일어나자 사장도 결단을 내릴 수밖에 없었습니다. 후배를 내보내기로 했습니다. 그러면서도 K사장은 그를 끔찍하게 배려해 주었습니다. 대외적으로는 후배가 '더 큰 뜻'을 품고 새 사업을 차리는 것으로 포장을 했습니다.

그런데 K사장의 피해는 그 정도에서 그치지 않았습니다. 후배가 "내 지분을 10배 가격에 사달라"고 요구하면서부터 실랑이가 벌어진 겁니다. 회사에 끼친 피해를 배상해도 모자랄 판에 황당한 요구조건을 내건 셈이지요. 반면 K사장은 후배 몫에 은행 이자율을 적용해 인수하겠다는 조건을 제시했습니다.

결국 형 – 아우 같던 창업동지가 1년 사이에 원수만도 못한 사이로 변했고, 실랑이가 거듭되다가 협상이 타결되었습니다. K사장은 후배가 투자한 금액의 몇 배를 돌려주면서 이를 갚아야 했습니다.

이런 사기꾼은 특별한 경우이니 별로 신경을 쓸 필요

가 없다고요? 전혀 그렇지 않습니다. 돈 냄새가 풍기면 그들이 가장 먼저 나타납니다. 익숙하며 친근한, 한 식구 같은 얼굴로 말입니다.

다음은 K사의 Y사장이 겪은 일입니다. 평소 Y사장은 몇몇 직원들에 대한 높은 기대를 아끼지 않았습니다. "나도 전 직장에서 일을 깨나 하는 축에 들었는데, 이렇게 똑똑하고 야무진 애들은 처음 봤다"고 입만 열면 칭찬이었습니다.

직원 모두 그런 것은 아니었지만, 일부는 Y사장이 부담감에 퇴근을 못할 정도로 열심이었다고 합니다. Y사장은 입버릇처럼 "함께 인생을 걸었다. 모두 가족 같다"는 말을 되뇌었습니다. "오버 아닌가?"라는 생각이 들 정도였지요.

얼마 지나지 않아 진실이 드러났습니다. 핵심 인력들이 일제히 퇴사해 딴 살림을 차린 것이었습니다. 그동안 밤 늦게까지 몰입했던 대부분의 일들이 회사 몰래 준비한 그들의 아이템이었습니다. 돈이 될 만하니까 기존 회사의 틀 안에서 모두를 먹여 살리느니, 차라리 나가서 직접 해보기로 얘기가 된 거였죠.

그렇다면, Y사장은 전혀 몰랐을까요? 그건 아니었습니다.

사업의 성과는 크게 변한 게 없는데 몇몇 핵심인력이

'가족 같은 회사'라는 환상

매일 야근이니, 석연치 않은 느낌을 진즉부터 받았다고 합니다. 그 와중에 몇몇은 사장을 슬슬 피하는 모습을 드러내는 바람에 '무슨 일이 나는 것 아닌가' 겁이 나기도 했고요.

결국, 정체불명의 위기감을 느낀 Y사장은 당사자들에게 전해지기를 염원하는 마음으로 직원들을 칭찬하고 다녔던 겁니다.

Y사장에게도 엎질러진 물을 주워 담을 재간은 없었습니다. 그 이후로 Y사장의 '직원 자랑'은 '배신자 험담'으로 대체되었습니다.

CEO들이 배신을 당한 데는 경영자 자신의 실책 또한 적잖게 작용했을 겁니다.

하지만 여기서 주목해야 하는 건, '믿었던 파트너의 배신'이 아니라, '배신하는 파트너를 끝까지 믿으려 했던' CEO입니다. 제3자의 관점에서는 한심한 경영자로 여겨질 수도 있겠습니다만, 세상의 일이란 게 그리 단순치는 않을 겁니다.

어쩌면 이분들 역시 '억지 자랑'을 해야만 안심이 되는 우리의 부모 심정과 비슷하지 않았을까 싶습니다.

침이 마르도록 동료들을 칭찬하는 이면에는 불안감과 기대가 교차하고 있습니다. 직원들이 지닌 한계를 분명히 인식하고, 몇몇은 언제든 떠날 수 있다고 예상하면서도 '이 랬으면' 하는 바람 때문에 스스로에게 최면을 거는 방법으로서의 자랑 말입니다.

최면에 빠져 있으면 그런 불안감을 잠시 잊을 수 있습니다. 좋지 않은 낌새가 느껴져도 눈을 감고 보지 않으려 애를 쓰며, 늘 좋은 점만을 찾아내려고 무던히도 애를 씁니다.

자식 농사를 잘 지었다면 분명 그것은 노인들의 자랑거리입니다. 그러나 풍성한 열매를 맺은 농사라면 노인들 스스로 자랑을 위해 입을 열 필요가 없습니다. 지나가는 사람 모두가 한 마디씩 하며 부러워합니다. 고개를 끄덕여 맞장구를 칠 것도, 괜한 겸손을 부릴 필요도 없습니다. 평생 투자의 수확은 스스로도 만족스럽습니다.

실력 있는 사람들이 모여 만든 회사가 굴러가는 양상도 마찬가지입니다.

'비록 손가락을 빨고 있으나 직원 이탈이 한 명도 없다'면 대단한 일이긴 합니다만, 기업인으로서 내세울 만한 자랑거리는 아닙니다. 이익을 위해 모인 집단이 성과를 내지 못했다면 그건 창피한 일입니다.

막연한 기대와 욕심은 현실 감각을 탈색 또는 윤색시

킬 가능성이 높습니다. 반복되는 자랑이 더한 자랑을 낳게 되고, 결국에는 기대와 공상이 현실인양 바뀌치기 됩니다.

대표이사는 부모가 아닙니다. CEO가 직원들을 먹여 살린다(는 책임감을 갖고 있다)고 해서 스스로를 부모처럼 생각한다면 오산입니다. 부모의 심정을 닮으려 해서도 안 될 것 같습니다. 서로에게 상처만 남길 수 있습니다.

파트너들은 언제라도 떠날 수 있습니다. 더 좋은 기회를 찾거나 자신의 사업을 위해 미련 없이 등을 돌릴 수 있습니다. 그러니까, '가족 같은 회사'를 만들겠다는 생각 자체가 엉터리 기대일 수도 있는 것이죠.

한마디 보태자면, 요즘 젊은 사람들은 '가족 같음을 내세우는 회사'를 특히, 많이 싫어합니다.

아마추어를 프로로 만드는 게 사장의 일

이번 주제는 '직업의식'입니다. 제가 '직업인'과 '직장인'의 차이를 언급했더니, 한 독자분이 메일을 보내주셨습니다. 내용은 이렇습니다.

> "사실 스타트업 정신이라는 게 헝그리 정신과도 일맥상통하지요. 근데 제가 지금껏 느꼈던 프로정신이라는 것은 '받는 만큼 일한다'에 가깝거든요. 그럼 '프로'는 직장인에 가깝지 않습니까? 프로에게 보수는 빼놓을 수 없는 중요한 요소라고 생각하거든요.
> '비전'과 '보수'는 정말 어려운 문제더라고요. 프로 같은 능력에 헝그리 정신을 갖춰야 모험기업이 제대로 가는 거

이분께 답변을 보내드렸지만, 맞는 말씀입니다. 자신과 가족의 생계를 책임져야 하는 입장에서 보면, 보수는 중차대한 문제임에 틀림없습니다. 우리가 회사에 다니는 이유도 사실은 '돈을 벌기 위해서'입니다. 사회 봉사를 위해 회사에 다닌다는 사람은 아직 발견하지 못했습니다.

그러나 프로정신이 '받는 만큼 일한다는 의미'라는 관점에는 공감할 수 없습니다. 고용도 시장원리에 따라 이뤄집니다. 자신의 몸값이 기대보다 낮게 책정되었다면 이 또한 시장이 결정했다고 보아야 할 것입니다.

제 생각에 프로정신은 '자신의 가치를 올리기 위해 스스로 투자를 아끼지 않는 사람'인 것 같습니다. "회사가 이 정도밖에 대우해주지 않으니, 나도 그만큼만 하겠다"는 자세로 업무에 임하면서 진정한 프로로서의 실력을 쌓을 수 있을지 의문입니다.

프로는 '궁극적으로 자신을 사랑하는 사람'입니다.

우리보다 이직이 활발한 미국 사회에서의 프로는 직업의식으로 무장한 사람입니다. 프로는 '이 분야에서는 내가 최고이고 남보다 앞서야 한다'는 일종의 강박관념을 가지고 있습니다. 자기 효능감이랄까요?

이들이 '연봉 받는 만큼만 일한다'는 생각이었다면 오늘날 '창의력의 상징'으로 불리는 3M의 '포스트 잇' 같은 제품은 세상에 나오지 못했을 것입니다.

프로는 '일하는 재미' 때문에 자신을 갈고닦습니다.

요즘 스타트업들이 어렵다 보니 연봉이 깎이자마자 사표를 내고 다시 취업준비생으로 돌아가는 유턴 현상이 늘고 있다지요.

저는 이 문제 역시 '자기 투자에 관한 판단 문제'라고 봅니다. 현재 머물고 있는 회사에 자신을 투자하는 선택이 아깝다고 결론을 내렸을 경우, 당연히 전직을 고려해야 할 것입니다. 반면 '앞으로 5년 또는 10년 후에는 성공할 가능성이 있다'는 판단이 선다면 한번 도전해볼 만할 겁니다. 대부분의 성공은 정신없이 바쁘게 지내는 가운데, 마치 밤의 도둑처럼 슬그머니 찾아온다고 합니다.

여기서 다시, CEO의 역할이 중요합니다. 동료들에게 비전과 꿈을 심어주고, 이익을 공정하게 배분하려는 노력이 선행되어야 합니다. 사실, 직원들의 이탈이나 갈등 때문에 골머리를 앓는 상당수 기업들을 보면 CEO가 제 노릇을 하지 못한 경우가 많습니다.

아마추어를 프로로 만드는 게사장의 일

이런 회사에서 가장 찾기 힘든 요인이 바로 '재미'입니다. 재미가 없으면 활력부터 잃지요.

프로와 아마추어의 차이는 세계관에서 확연히 드러납니다.

프로는 자신과 자신을 둘러싼 환경을 수시로 점검하고, 이를 제어할 줄 압니다. 호구지책 때문에 임시로 어떤 일을 할지라도, 처음 접하는 낯선 일이 맡겨지더라도, 자신의 스타일에 맞게 변형시킬 줄 압니다. 평범한 사람보다 빠른 속도로 업무의 본질에 접근해 갑니다.

'안 될 것은 없다'는 자신감과 긍정적인 세계관을 가지고 있습니다. 남에게 도움을 청할 일과 스스로 해야 할 일을 명확하게 구분합니다.

이들은 좀처럼 '뒤를 돌아보는 수고'를 하지 않습니다. '내가 누군데!'라는 식의 본전 생각보다는 이번 일을 끝마치면 다음에는 어떤 일로 연결시킬까 하는 진취적인 사고를 합니다.

그 결과, 일에서 재미를 추구합니다. 더한 재미를 맛보기 위해 뜻이 같은 사람을 모아 창업을 하고, 좋은 조건(많은 연봉과 흥미로운 일거리)을 제시하는 기업으로 자리를 옮기기도 합니다.

프로에 대한 인식이 잘못되어 있는 경우를 자주 보게 됩니다. 마치 전문 직업인만이 프로인 것처럼 비춰지는데, 이는 인색한 우리 문화 탓이기도 하고 미디어의 오도(誤導) 때문이기도 합니다.

이번에는 아마추어를 봅시다. 직장에 다니며 월급을 받으면 '프로페셔널'하다고 볼 수도 있지만, 저는 프로정신을 갖추지 못한 직장인은 아마추어로 분류합니다.

이들은 실제(시장에서 인정하는 노동력의 가치)보다 스스로를 높게 평가하는 경우가 많습니다. 프로들의 '자기 사랑 또는 자아 계발'과는 차원이 다른 '허망한 기대'를 품고 있습니다. 허망하다는 것은 시장이 그를 알아주지 않기 때문입니다.

출근하는 이유는 단순히 돈을 벌기 위해서입니다. 연봉과, 직책에 맞게 시간을 때우면 그뿐입니다. 회사가 급성장해 대박을 터뜨렸으면 하는 기대를 하지만, 스스로를 다그치거나 향상시키는 데는 인색합니다.

아마추어는 꼼꼼하지 않습니다. 이들이 모여 기업을 차리면 사달이 나고 맙니다. 얕은 아이디어에 시장분석조차 제대로 하지 않은 채 일을 벌입니다. 알아주지 않는 세상을 탓하며 몸부림을 치지만 성공은 요원합니다. 그래도 어떻게든 대박을 터뜨리겠다는 조급함에 무리하다보면 어느새 사업이 사기로 변질됩니다.

대기업과 달리 '자산이라고는 사람밖에 없는' 스타트업으로서는 아마추어에게까지 월급을 줄 여유가 없습니다. 프로정신으로 무장한 구성원들이 필요합니다. 아마추어를 프로로 훈련시키는 역할 또한 CEO와 경영진의 몫입니다. 만약, 아마추어 경영진 밑에서 일하는 프로라면 스스로 창업을 생각해보는 것도 방법입니다.

주위의 많은 분이 이런 말을 하십니다.

> "돈을 벌려고 기를 쓸수록 기회는 줄어든다. 이것은 스스로를 돈의 노예로 만드는 행위다. 사업을 위해 혼신의 힘을 다하면 돈을 벌 수 있는 기회가 자연스레 만들어진다."

말장난 같습니다만, 곰곰이 생각해보니 그 뜻을 짐작할 수 있을 것도 같습니다.

요즘 『클릭 앤 모르타르』라는 책을 보고 있는데 배울 점이 많습니다. '찰스 슈왑'이라는 회사를 성공적으로 일으킨 장본인들이 '기업문화의 중차대함'을 강조하기 위해 집필했다고 합니다. 이 책의 앞부분에 중요한 대목이 나옵니다. 제가 장황하게 설명한 이야기들을 단순하게 표현했더군요.

이를 인용하면서 마칠까 합니다.

"평균적으로 미국의 근로자들은 일생 동안 직장을 11번 옮긴다. 실제로 『500년 역사의 델타』라는 책을 저술한 미래학자 짐 테일러와 왓츠 웨커는 '충성심이 일의 재미를 앗아간다'고 지적했다.

이들은 '일은 재미있을 수 있다'고 말한다. 다만 '업무관계에서 충성심을 주고받는다는 인식을 버리고, 어딘가에 고용되어 있어도 개별 업무를 수행하는 프리랜서로서 그저 자신을 위해 일할 뿐이라고 생각'하는 것이 그 전제라고 지적한다.

쉽게 말하면 '자신이 사장이라는 생각으로 완전한 자유를 누릴 수 있을 때 일하는 것이 재미있다'는 것이다."

아마추어를 프로로 만드는 게시장의 일

몸을 움직여 마음의 에너지를 얻는 법

살다 보니 그렇습니다. 뒤에 있는 줄 알았던 친구가 어느새 앞으로 훌쩍 앞서 나아갑니다. 그렇게 역전당할 때의 느낌이란…….

친구가 회사에서 성과를 내고 거액의 인센티브를 받았답니다. 승진까지 약속받았다고 하네요. 그가 모두를 모아 소고기를 한턱냈습니다. 저도 친구가 잘 됐을 때 진심으로 기뻐하는 사람이 되고 싶었는데 그게 생각처럼 쉽지 않더군요.

슬픔보다 기쁨을 나누기 어려울 때가 있습니다. 남의 슬픔에는 '나는 괜찮구나'라고 안심하는 반면, 남의 기쁨은 나의 열등감을 확인해줄 가능성이 높은 것이죠. 그 친구 앞에서는 기뻐하는 척 축하해 주었지만 집에 돌아오면서 속이 쓰렸습니다.

친구의 몇 마디가 귓가에 남아 그의 저의를 의심하기까지 했습니다. '그건 나 들으라고 한 말이 아닐까?' 골똘히 생각하다가 한심할 정도로 비참해진 나 자신을 만났습니다.

결국 유리한 쪽으로 합리화하고 말았습니다. '그 자식, 운이 좋았던 것뿐이겠지.'

시기심의 결말은 늘 허탈했습니다. 문제는 그런 결론이 저를 더욱 비뚤어진 쪽으로 몰고 간다는 점이죠.

다음은 자기 연민의 차례입니다. '왜 나에겐 그런 행운이 오지 않는 걸까?' '나는 평생 이 정도로만 살아가야 하는 걸까?'

억울하고 불안한 생각이 풍선처럼 부풀어 올랐을 때 다른 친구가 채팅방에 글을 올렸습니다.

| '토요일에 자전거 타자. 양수리까지 어때?'

모바일 앱 사업을 하는 친구인데, 그 역시 침울한 시기를 겪고 있었습니다. 얼마 전에 크게 히트한 앱 때문입니다. 그가 상품성을 확신할 수 없어 보류했던 아이템이 다른

몸을 움직여 마음의 에너지를 얻는 법

회사에서 그렇게 잘 될 줄은 몰랐던 것이죠. '대체 그걸 왜 안 했을까'라며 자책에 자책을 거듭하는 중이라고 합니다.

이렇게 마음이 혼란스러울 때는 몸을 움직이는 게 최선입니다. 즐거운 일로 생각의 물꼬를 돌릴 수 있으니 말입니다.

| '그러자, 국수 먹고 오면 되겠네.'

셋이 모여 자전거를 탔습니다. 자전거도로는 강가를 따라 끝없이 이어져 있고 평탄한 길의 끝에선 어김없이 힘겨운 오르막이 시작됩니다. 거친 숨을 몰아쉬며 불평을 뱉어봐야 소용이 없습니다. 이윽고 고생의 대가로 주어지는 시원한 내리막.

자전거는 일렬로 갑니다. 바람의 저항을 많이 받는 선두가 가장 힘듭니다. 그래서, 앞서거니 뒤서거니 선두를 바꿔가며 바람을 헤칩니다. 뒤에서는 여유롭게 농담으로 장단을 맞추죠. 그렇게 철새처럼 먼 곳까지, 안전하게 갈 수 있습니다.

국수를 먹고 자판기 커피를 마실 때, 친구가 속마음을 털어놓더군요.

"생각해보니까 내가 그 아이템을 시작했더라도 과연 성공했을지 확신이 서지 않더라. 지금 시점에서 결과를 알고 나니까, 쉬워 보이는 것뿐이지. 운영능력이나 마케팅 면에서 저쪽이 우리보다 몇 수쯤은 위인 것 같아."

감정이 바닥까지 치달을 땐 운동으로 돌파구를 찾을 수 있다는 걸 자전거를 타며 알게 됐습니다. 몸을 움직여 에너지를 만들어내면 활력이 혼란 속에서 좋은 감정을 찾아줍니다. 페달을 밟아 흐트러졌던 균형을 잡으며 앞으로 나아갑니다.

저는 소고기 쏜 친구를 시기하는 대신, 부러워하기로 했습니다. 비참해지는 것보다는 부러워하는 게 훨씬 낫습니다. '나도 해볼 수 있겠다'며 롤 모델로 삼을 수도 있으니까요. 마키아벨리가 『군주론』을 통해 '친구보다 적을 가까이 두라'고 했던 것도 경쟁자의 관점을 통해 성찰하라는 뜻이었을 겁니다.

하는 일마다 성공을 바라는 것은 헛된 환상일 뿐, 현실에선 실패가 성공보다 더 자주, 강한 존재감으로 찾아옵니다. 하지만 언제나 실패로 끝나리라는 법은 없죠. 그렇기에 희망을 가져봅니다. 성큼 앞서가는 친구들을 부러워하면서도 나의 속도대로 삶이라는 여행을 즐겁게 가고 싶습니다.

지식만큼이나 경영의 성패를 좌우하는 결정적 요소는 지혜가 아닐까 합니다. 이는 운동처럼 경험이 쌓이고 다져집니다. 몸과 마음을 건강하게 관리하면서 앞으로도 지혜롭게 어울려 살아가면 좋겠습니다. 어떠한 어려운 환경이 닥쳐도 헤쳐갈 수 있도록 말이죠.

실패의 행복학

영화나 드라마에서 묘사하는 비즈니스의 세계는 몰입도가 높습니다. 경영난으로 파산 직전에 몰렸던 주인공이 막판 뒤집기로 짜릿한 역전승을 거두는가 하면, 정신없는 와중에도 누군가(대개는 매력적인 이성)에게 감동을 선사하기 위해 깜짝 이벤트를 벌입니다. 한마디로 '멋있습니다'.

드라마틱하게 성공하고 싶다는 제 말에, 사업하는 선배가 시니컬하게 대꾸해주었습니다.

> "멋있게 성공하려면 차라리 작곡을 해라. 아니면 인터넷에 로맨스 소설을 쓰던가. 사업에 멋있는 성공이란 게 얼마나 있겠어?"

제가 생각했던 멋있고 감동적인 성공과는 달리, 현실의 성취는 비루하고 이따금 비참합니다. 똑같은 일과가 반복됩니다. 숨 돌릴 틈 없이 이어지는 회의, 표현 하나를 둘러싼 몇 시간의 성과 없는 논쟁, 특별 대접을 바라는 고객에게 붙들려 실속 없는 말잔치에 인내심 테스트까지…….

멋진 성공에 대한 상상이 저를 흥분하게 만드는 반면, 실제로 뭔가 이뤄내 한걸음 앞으로 나아가는 쪽은 매력적이지 않은 챗바퀴 일상이었습니다. 이러니까 인생은 비극인 겁니다.

현실의 성공은 멋있지도, 드라마틱하지도 않습니다. 그보다는 평범하고 건조하며, 세세한 부분까지 확인하고 모자란 부분을 채우는 치밀한 관리 쪽에 가깝습니다.

선배는 "멋있게 성공하려면 작곡을 하거나 로맨스 소설을 쓰라"고 했지만 창의적 투자는 사업보다 훨씬 지루할 수도 있다고 해서 또 실망했습니다.(그러면 며칠 만에 소설을 써내서 엄청난 성공을 거뒀다는 사람들은 뭐란 말인지.)

심리학자 미하이 칙센트미하이에 따르면 탁월한 뭔가를 만들어내기 위해선 지루한 반복을 피할 수 없답니다. 창조는 직선형이 아니라 나선형으로 일어나기 때문이라죠.

일필휘지로 한달음에 작품을 써낸 소설가나 하루 사이

걸작을 만들어낸 작곡가는 상상의 소산일 뿐, 현실에서 만나기는 어렵다고 합니다. 영감이 이따금 돌파구를 열어주는 것은 맞지만, 이 또한 머릿속에서 숱하게 그렸다 지우고 다시 생각하기를 반복한 결과라는 거죠.

칙센트미하이는 준비 – 잠복 – 깨달음 – 평가 – 완성이라는 다섯 단계를 제시하는데, 이 과정을 수없이 반복해야 완성도를 갖춘 작품으로 다듬어진다는 설명입니다. 정교한 계획을 세우고 세세한 부분까지 관리해야 합니다.(하룻밤에 만들었다고 한들, 고치고 다듬는 데 몇 달, 몇 년이 걸릴 수도 있죠.)

그러니 탁월함이란 오랜 세월을 자기와의 투쟁으로 갈고 닦은 전리품인 셈입니다. 제가 넋 놓고 듣는 음악의 아름다운 선율과 매혹적인 가사는, 알고 보면 숱한 무기력과 깨달음, 수정, 평가, 재작업이라는 '멋없고 지루한 틀'을 반복한 끝에 태어난 최종 결과물인 셈이죠.

사람의 품위는 성공했을 때보다 실패했을 때 단적으로 드러난다고 생각합니다. 억울해서 길길이 뛰는 사람이 있는가 하면 조용히 그다음 스텝을 밟는 사람이 있습니다.

저는 이제 후자 쪽이 좋습니다. 실패는 그들에게도 분하고 슬프고 두려운 일이었을 겁니다.

고대 그리스어에 '에우 프라테인(eu prattein)'이라는 단어가 있습니다. 어떤 일을 '탁월하게 해낸다'는 의미인데 재

125

미있는 것은, 이 단어가 '잘한다'는 의미와 '잘 산다'는 개념까지 포함한다는 점입니다.

인간은 오래 전부터 뭔가를 잘한다는 것이 잘 살며 행복하다는 개념과 긴밀하게 이어져 있다고 생각해왔던 것이죠. 한데 뭔가를 해내기까지는 그만한 실패가 쌓여야 합니다. 실패가 충분조건은 아니지만 필요조건이기는 한 것입니다.

지금까지는 크고 작은 실패를 통해 세상살이를 조금이나마 깨달은 것 같습니다. 때로는 운 좋게 피하고, 때로는 붙들려 드잡이질을 하다가 여기까지 밀린 느낌입니다.

제가 걸어온 삶의 순간들마다 찍혀 있는 무수한 실패의 낙인들. 그것은 한편으론 저라는 유일한 존재를 구분해주는 QR코드 같은 것일 겁니다.

스스로 생각해볼 때, 아직까지는 탁월하다는 느낌이 들지 않습니다. 그러니 조금 더 실패해도 괜찮을 것 같습니다.

"기업이 무슨 난민구제소인줄 아나 보지요"

우리나라 사람들만큼 정에 약한 부류가 없는 것 같습니다.

'그놈의 정' 때문에 어쩔 수 없이 해야 하는 일이 많습니다. 하기 싫은 마음이 굴뚝같아도 '인정머리 없다'라는 소리를 들을까 봐 마지못해 움직입니다. 주변에 보험회사 직원이나 다단계 판매원이 있다면 이런 경험을 해보셨을 겁니다.

보험사 친구 때문에 억지로 보험을 들거나, 별 볼일 없는 잡지를 정기 구독하는 정도는 그나마 '부담 없는 인사치레'입니다. 난처한 입장에 놓인 사위 때문에 멀쩡한 차를 팔고 새 차를 사는 장인까지 보았던 기억이 있습니다.

가까운 친구나 인척이 갑자기 방문해 수십만 원 또는 수백만 원짜리 물건을 사달라고 호소할 때, 칼로 무 자르듯 거절할 수 있는 사람이 얼마나 될까요.

스타트업에 다니다가 얼마 전에 퇴직한 사촌동생 얘기를 들어보니, '정에 죽고 정에 사는' 우리 사회의 단면이 그대로 드러나는 듯합니다.

동생이 다니던 회사는 꽤 이름을 날리던 기업입니다. 엔지니어 출신인 젊은 사장이 일찌감치 '다른 세상'을 예견하고 창업해 기관 투자자들로부터 엄청난 액수의 자금을 유치한 뒤 호기를 부리던 회사이지요.

동생은 원래 건설사 전산팀 소속이었는데 여기저기 떠돌다가 몇 달 전, 좋은 기업에 취직했다고 해서 그런 줄만 알고 있었습니다.

어르신들이 "다시 백수가 되었으니, 아는데 있으면 소개 좀 시켜달라"고 연락을 주셨기에 한번 만나 보았습니다. 보자마자 대뜸 "좋은 회사 같던데 진득하게 붙어 있지, 그 새를 못 참고 나왔냐"고 한마디 해줬습니다.

힌데 동생이 "형 같으면 하루도 못 버텼을 것"이랍니다. 들어보니 얼이 빠질 만 하더군요. '이런 개념 없는 회사가 있을까' 싶을 정도였습니다. 말만 회사지, 실제로는 회사가 아닌 것 같았기 때문입니다.

내용은 이렇습니다.

　사장이 큰돈을 끌어들인 뒤에 '폼'을 잡기 시작했는데, 그 후로 회사 모양새가 이상해졌다는 겁니다.

　사장의 아버지가 자주 보이더니 회의실 하나를 차지하고는 '회장실'로 간판을 바꿔 달았습니다. 공직에서 은퇴한 분이라고 합니다. 다음에 나타난 사람은 사장의 매형입니다. '이사' 타이틀을 달고 눌러 앉았습니다. 그 뒤로는 사장의 친구와 후배들이 입사하기 시작했습니다.

　'잔치 판'이 벌어진 셈이지요. 하객들이 놀러 왔다가 사랑방을 점거한 뒤 '식솔'이 되어버린 점은 아무리 생각해도 심한 것 같네요.

　문제는 이렇게 눌러 붙은 사람들이 '회사에서 어떤 역할을 했는가'겠죠.

　회장실은 아버님 친구 분들의 모임장소가 되었고, 매형은 법인카드로 돈을 쓰는 일에만 정신이 팔렸다고 합니다. 사장의 친구들 역시, 직원들 입장에서는 'PC방 가서 게임하는 게 가장 큰 도움'이랍니다.

　목소리 큰 몇몇 직원이 사장을 술자리로 불러내 따졌습니다. "회사가 가족모임 장소인 줄 아느냐"고 말입니다.

　　　"기업이 무슨 난민구제소인줄 아나 보지요"

이에 사장은 "미안하다"며 "내가 모질지 못해 잘못된 것이니 바로 잡겠다"고 약속을 했답니다. 하지만 한 달이 지나고 두 달이 지나도 약속은 지켜지지 않았습니다.

급기야 개발부서까지 반기를 들었습니다. "빨리 정리하지 않으면 집단 사표를 제출하겠다"고 으름장을 놓았습니다. 한편으로는 기관 투자가들에게 회사의 실정을 알리고 협조를 요청했습니다.

결국 회장실은 회의실로 복원시키는 데 성공했습니다. 다만 매형과 친구들은 연봉을 깎고 '일을 제대로 한다'는 조건부으로 남겨두기로 했답니다. 하지만 그게 잘 풀릴 리가 있나요?

사촌 동생은 이런 대결구도가 거듭되던 중 염증을 느끼고 사표를 냈다고 합니다.

별의별 사람이 창업을 하다 보니 이처럼 희한한 구경을 하게 됩니다. '돈을 벌어야 하는' 기업의 '주요한 자리'에 능력 없는 친인척을 앉혀 놓고 회사 돈을 축내는 이런 사례를 발견하기란 그다지 쉽지 않은 일입니다. 적어도 비즈니스의 세계에서는 말입니다.

그러나 앞에서 말씀 드렸듯 우리 사회는 '정에 약한 사람들에 의해 굴러가는 세상'임에는 틀림없는 모양입니다.

사업을 모르는 어른들이 "빈 자리 있으면 우리 애 데려다 써라"라고 말씀하실 때마다 괜히 미안한 생각이 드는 것을 보면 말입니다.

대부분의 스타트업 경영자도 이런 경험을 해보았을 것입니다.

뿌리치기가 힘들지요. 계속되는 '정(情)의 압박'을 견디다 못해 친척이나 후배를 직원으로 채용하지만 씁쓸한 생각을 떨칠 수 없습니다. 친척 아이가 일을 제대로 하지 못하고 겉도는 모습을 볼 때마다 후회를 합니다.

사업에서 친척이나 친구들을 무조건 배제해야 한다는 주장은 아닙니다. 타이완의 중소 제조업체들은 철저하게 친인척 위주로 구성되어 있습니다. 이들이야말로 '족벌'이지요.

그런데도 꽤 잘 굴러갑니다. 문화와 마인드의 차이일 겁니다. 전통으로 내려온 중국 상술(商術)을 몸에 익힌 만큼, 제 아무리 가족 기업이라고 해도 철저한 이익 추구 자세로 뭉쳐 있다고 보아야지요.

이들이 가족기업을 일구는 이유는 '의심이 많기 때문'이 아닌가 합니다. 물론 순전히 제 생각이지요. 흔히들 농담을 할 때 '떼놈처럼 의심이 많다'고 하는데, 중국 사람들에겐 이런 측면이 정말 있습니다.

"기업이 무슨 난민구제소인줄 아나 보지요"

홍콩에서 사업하는 분을 만난 적이 있습니다. 이분이 들려주던 홍콩 사람들의 사고방식이 재밌습니다. 시어머니와 며느리가 마작을 해도 셈은 정확하답니다. 시어머니가 돈을 모두 잃어 빚으로 달아두었다면 며느리는 이를 반드시 받아 내고야 맙니다. 빚을 갚지 않는 시어머니는 며느리에게 구박을 받고 마침내 '마작 그룹'에서 소외됩니다.

우리나라 같으면 있을 수 없는 일이지요.

'가족주의'가 기업 경영과 잘못 만나면 많은 사람에게 고통을 줍니다.

한 자수성가형 스타트업 사장은 친한 선배를 끌어들였다가 곤욕을 치르고 있습니다. 기술은 도무지 모르겠다고 해서 관리담당을 맡겨 놓았더니, 직원들과 심각한 불화를 빚은 것이지요. 직원의 촌철살인 한마디가 재미있습니다.

> "사장님을 존경했는데, 그런 마음이 싹 달아났습니다. 회사가 무슨 난민구제소인줄 아나 보지요."

하지만 일부 경영자는 "그나마 믿을 사람은 피붙이밖에 없다"고 주장합니다. 실제로 어떤 기업에서는 사장이 동생을 합류시켜 상당한 성과를 거두었습니다. 영업 담당자가 느닷없이 퇴사를 하는 통에 자동차 세일즈맨 출신 동생을 불러들여 맡겼더니, 두 달 만에 계약실적을 대폭 끌어올렸다고 자랑을 하더군요. "내 동생이 영업 실력자라는 걸 이번에 알았다"면서 열심히 뛰어주는 동생이 믿음직스럽다고 합니다.

적어도 남보다는 내 피붙이를 더 잘 알기 때문에 함께 사업을 하기도 합니다. 그러다가 성공을 거두기도 하고 쓰디쓴 실패를 경험하기도 합니다.

그래도 원칙 한 가지는 지켜야 할 것 같습니다. 내 가족은 물론 동고동락을 다짐한 친구라도 '역량'부터 따지는 원칙 말입니다. 기본 역량인 밑바탕이 없다면, 아무리 열심히 뛰어봐야 헛발질 아니면 낭떠러지입니다.

사람에게는 '자기 몫'이 있다고 봅니다. 자기 몫 아닌 일을 억지로 하다 보면 그 주변이 엉망이 되기 마련입니다. 50년간 연필과 지우개로 불편 없이 생활한 사람이 하루아침에 정보기술 분야 기업을 경영할 수는 없는 노릇입니다.

회사에 자기 몫 아닌 일을 맡은 가족과 친구가 늘어나고 있는지 끊임없이 돌아 보아야 합니다. 회사가 자칫하면 '가족 놀이터'로 변질될 수도 있습니다. 게다가 아직까지도 세상은 잘되면 사업이고, 망하면 사기입니다.

"기업이 무슨 난민구제소인줄 아나 보지요"

좋아하는 일과 잘 하는 일 사이

오래 전 제 꿈은 자그마한 음반 매장 주인이었습니다. 몇몇
장르의 레퍼토리만 갖추고 동호인끼리 모여 이야기도 주고
받으며 살 수 있다면 얼마나 좋을까 생각했습니다. 종일 아
름다운 선율 속에 파묻힐 수 있으니 말입니다.

음반 매장이 멸종된 이후로는, 카페는 어떨까 생각도
해봤습니다. 강이 바라보이는 교외 언덕에 목조건물을 짓
고 음악을 들으며 강물을 바라보기만 해도 행복할 것 같았
습니다. 래브라도 리트리버 한 마리 풀어 놓아 따스한 햇볕
아래 꾸벅꾸벅 조는 녀석을 흐뭇하게 지켜본다면…….

매일 골치를 썩여봐야 흙으로 돌아갈 때는 맨손뿐인
것을, 왜 이렇게까지 전투적으로 살아야 하나, 염증이 날

때마다 음반 매장이나 카페를 떠올렸지요. 하지만 여력이 없으니 여전히 '생각'뿐입니다.

친구들은 "네가 그런 걸 했다간 굶어 죽기 십상"이라고 합니다. 장사 수완도, 요령도 없는 주제에 CD나 커피 팔아서 먹고사는 건 무리라는 얘기죠. 금방 거덜이 날 거라고 악담을 합니다. 전 직장 선배는 정색을 하고 말리더군요. "취미는 취미일 뿐이고 사업은 사업"이라는 얘기입니다. 차라리 돈을 벌어 은퇴해서 음악을 틀어놓든, 커피를 내리든 하라고 합니다.

몇몇 기업의 모양새를 보니까 그 선배의 말에 일리가 있다는 생각도 듭니다.

스포츠광들이 스포츠와 정보기술을 결합한 회사를 차렸는데 처음엔 호기롭게 스타트를 끊었습니다. 야구나 축구, 농구 등의 준전문가들이 모였으니, 그 지식만 해도 대단한 자원이지요. 대기업 수출 파트 실무자로부터 고등학교 교사, 프로그래밍 엔지니어, 금융사 출신까지 다채로운 사람들이 '스포츠 스타트업'의 꿈을 안고 공동 창업을 했습니다.

하지만 취미를 사업으로 성공시키는 일은 또 다른 차원인 모양입니다. 축구나 야구, 농구 등의 정보를 제공하는 한편 각종 기념품과 용품을 온라인 판매했습니다만 실적이 기대이하여서 자본금만 축내고 사업모델 전환을 준비 중입니다.

회사 임원은 "스포츠 마니아들의 구매력이 높은 만큼 승산이 있다고 믿었는데 현실은 또 달랐던 것 같다"고 합니다. 사람들의 관심을 모은 데까지는 어느 정도 성공했으나 지갑은 쉽게 열리지 않았습니다. 이제는 스포츠 매니지먼트 쪽으로 방향을 바꾼다는데요. 어떨지 모르겠습니다.

지난해 좋은 조건에 투자를 받아 상당한 자금을 보유한 다른 기업은 CEO의 남다른 취향 때문에 갈등을 겪는 중입니다. 이 회사 CEO가 자칭 '프로급 영화광'인데요. 처음 사업을 시작할 때는 먹고살기 바빠서 눈을 돌릴 틈이 없었지만, 회사가 한숨을 돌리고 나니까 영화제작사 설립을 추진한다는 것이죠.

취미를 사업으로 삼을 수 있다면, 말 그대로 '소원 성취'입니다. 좋아하는 일을 즐기면서 돈도 벌 수 있으니 이만한 행복이 어디 있을까요.

하지만 그보다 더 확실한 팩트가 있습니다. 취미가 사업 또는 노동이 되는 순간, 더는 취미일 수 없다는 점 말입니다.

전에 신문기자 생활을 할 때, 아래층에 계열사 스포츠

신문이 있었습니다. 예비군 훈련을 함께 가면 스포츠 연예부의 입사 동기가 최고 인기를 누리던 기억이 납니다. 그를 에워싸고 연예계 소식을 듣는 게 무척 재미있었습니다.

스포츠신문 동기 중에는 야구광도 있었습니다. 신입 오리엔테이션 때 "꿈을 실현하게 되어 기쁘다. 야구가 좋아서 스포츠신문에 입사했고 은퇴할 때까지 야구에 전념하고 싶다"는 포부를 밝혔던 친구입니다. 그런데 언젠가 예비군 훈련장에서 그를 만났을 때에는 180도 달라졌더군요. "어느 부서라도 좋으니 야구부를 떠나고 싶다"는 거였습니다.

> "이제는 지겨워 죽겠다. 생각해 봐. 매일 지방 출장을 다녀야 하고 스토브 리그 때는 외국 전지훈련까지 따라가야 하는데 너 같으면 좋겠냐?"

그런 것 같습니다. 야구광의 입장과 야구 기자의 입장은 다를 수밖에요. 야구광은 경기에 푹 빠져 즐길 수 있는 반면, 야구 기자는 그런 여유를 누릴 틈이 없습니다. 마감 시간의 압박을 받으면서 기사를 MSG까지 팍팍 뿌려서 써야 하니 매일이 스트레스의 연속입니다.

때에 따라서는 여러 버전의 기사를 불과 몇 분 만에 동시에 써야 합니다. 예컨대 광주의 타이거즈가 부산 자이언

트와 경기를 할 경우, 전남지역에 배포하는 신문과 경남지역으로 나간 신문이 반대 관점에서 만들어지기도 합니다. 지역 독자의 입맛에 맞춰 작성해야 하기 때문입니다.

경기를 전하는 기사 외에 뒷얘기 거리나 칼럼을 따로 준비해 마감 안에 송고를 해야 하니, 심리적 부담을 안고 보는 경기가 과연 즐길만한 것일까요.

얼마 후에 마주친 동기는 부서를 옮겼다면서 즐거워하는 눈치였습니다. 이제는 주말마다 경기장에 가서 야구를 본다고 합니다. 취미와 업무가 분리된 순간, 다시 그 취미가 살아난 셈이지요.

경영자가 취미에 과하게 집착하면 심각한 후유증으로 이어질 수 있습니다. 특히 사회 경제적으로 큰 영향을 미치는 대기업이 '오너의 취미' 때문에 신규 사업에 진출했다가 잘못될 경우 그 사회적 손실이 어느 정도인지 우리는 과거에도 몇 차례 본 적 있습니다.

어느 재벌의 경우 자동차 마니아인 오너의 고집에 고급 자동차 시장에 뛰어들었습니다만, 결국에는 그룹 자체가 깨지고 밀았습니다. 문제는 오너가 자동차에 해박한 지식을 갖췄다고 하지만, 그게 마니아적 집착이었을 뿐, 제조자로서의 관점은 아니었다는 것입니다. 좋아하는 일과, 잘

할 수 있는 일을 혼동하는 CEO의 고집은 생각보다 많은 사람에게 피해를 줄 수 있습니다.

'좋아하는 일'과 '잘 하는 일' 사이에는 분명 차이가 있습니다. 취미로 시작했던 일이 잘 풀릴 수도 있습니다만, 사업화의 경제성을 분석해 보면 상당한 간극을 발견하는 경우가 대부분입니다.

그럼에도 인간은 꿈꾸는 동물이기도 합니다. 비합리가 합리를 이겨낼 때가 있습니다.

해보고 싶은 마음을 주체할 수 없다면 슬금슬금 가까이 다가서는 수밖에요. 100년도 못 사는 주제에 너무 좋아하는 일을 시도도 못 해보고 눈을 감는다면 얼마나 억울한 일이겠습니까. 다만 실패하더라도 피해는 최소화할 수 있게 안전장치는 마련해 놓아야겠지요.

팍팍한 현실 속에 꿈이라도 없으면, 무슨 재미로 살아갈까요.

꿈꾸는 당신을 응원합니다.

'디지털 카라얀'과 '아날로그 악장'

죽음의 문턱까지 갔다가 살아난 적이 있습니다. 무려 11시간이 넘는 대수술이었고 4개월간 침대에 묶인 채 중환자로 지내야 했습니다. 극심한 고통이 마음까지 갉아 먹어 폐인이 되기 일보직전이었습니다.

어느 새벽, 고통에 눈을 떴다가 희미하게 새어 나오는 소리를 들었습니다. 무척 아름답고 힘찬 선율이었습니다. 끝없이 펼쳐진 벌판을 거침없이 달리는 누군가의 모습이 연상되었습니다. 적어도 그 순간만큼은, 고통마저 밝은 희망으로 느껴졌습니다.

옆 침대 아저씨가 조그맣게 틀어놓은 라디오에서 나오는 음악이었습니다. 차이콥스키 바이올린 협주곡이라고 하더군요.

힘들던 시기에 라디오로 들었던 음악이 이처럼 감동적이었던 반면, 비싼 돈 들여 호사를 누리려 했던 음악 감상은 최악의 경험으로 남아 있습니다. 어떤 오케스트라의 내한 공연에서 중간 휴식시간에 나와 버린 거죠.

왜 그리 어수선하고 집중이 안 되던지 듣는 게 고역이더군요. 단원들이 신경질적이고 성의 없어 보이는 점도 불편했습니다. 나중에 들은 얘기로는 지휘자와 단원들 간 알력이 심각한 지경이었는데, 리허설에서 폭발했다고 합니다.

음악의 세계에 빠진 이후로 많은 걸 알게 되었습니다. 특히 아름다운 선율을 위해서는 여러 사람의 노력이 투입되며 '그들의 궁합'이 완성도에 절대적인 영향력을 미친다는 점 말입니다.

지휘자와 오케스트라 단원들 간의 호흡이 잘 맞아야 합니다. 녹음을 할 때도 그렇습니다. 스튜디오 엔지니어의 정성과 연주자의 노력이 제대로 결합되어야 '명반'이 탄생합니다. 이건 사업에서도 마찬가지죠.

세상은 디지털화하고 있습니다. '0'과 '1'이란 코드가 세계를 지배하는 키워드가 되었습니다. 모든 게 일목요연하게 단순화되어 광케이블을 타고 빛의 속도로 움직입니다. 사람들의 사고방식마저 디지털로 바뀌고 있는 것은 아닌지 궁금할 정도입니다.

빠른 결단을 내리지 못하는 대표이사는 '무능력자'로 오해를 받기 일쑤입니다. 디지털 진화 속도가 빨라질수록 사람들의 조급함도 심해집니다.

속도 중독에 걸린 대표이사는 어느 날 기획 담당자를 불러 몇 가지 아이디어를 주며 "내일까지 기획안을 만들라"고 지시합니다. 담당자는 회의를 소집하고 전광석화처럼 업무를 분배합니다.

투자자들은 기다릴 줄 모릅니다. 반기만 지나면 "왜 이익을 못 내느냐"고 대표이사를 몰아세웁니다. 엊그제 대학을 졸업하고 입사한 신입사원이 일주일 만에 사표를 내고 다른 곳으로 옮겨갑니다. 그 짧은 시간에 이 회사가 '0'이냐 '1'이냐를 판단, 전광석화처럼 움직이는 것이죠.

사람 간의 관계도 디지털화 되었습니다. 만나보고 도움이 되지 않을 것 같으면 곧바로 '휴지통' 폴더에 들어가고 얼마 지나지 않아 '영구 삭제'를 당합니다. 이처럼 정신없이 '0'과 '1'로 돌아가는 세상을 느낄 때마다 디지털의 신경질적인 소리가 환청처럼 들려옵니다.

저 역시도 디지털의 '기술적 우월성'을 믿기는 합니다. 스트리밍 서비스가 옛날 음반(LP)에 비해 공간도 적게 차지하고 다루기도 편하지요. 하지만 본격적인 아날로그 음악을 들어본 뒤로 그 여유로움과 풍성함에 푹 빠지고 말았습니다.

제가 입주한 빌딩의 사장님께서 열렬한 오디오 마니아인지라 사무실에도 오디오 기기 두 세트와 수백 장의 음반을 쌓아놓고 계십니다. 이분 방에서 생산된 지 50년이 넘는 낡은 오디오에서 나오는 정경화의 바이올린 연주를 들었을 때, 눈물이 핑 돌았습니다. 일반 스피커가 흉내 낼 수 없는 편안함이 주위를 따뜻하게 감싸주는 느낌이었습니다. 그것은 '정이 부르는 소리'였습니다.

'막귀'인 저는 어렴풋한 느낌으로 감지하지만, 전문가들에 따르면 "LP가 연음이 길고 배음이 풍부한 반면 CD는 연음이 짧고 배음이 부족하다"고 합니다. CD가 귀를 맴도는 느낌이라면 LP는 가슴까지 전해지는 깊이가 있다는 주장입니다. '느낌적 느낌' 같은 말이기는 합니다.

사람들을 만나면 따뜻한 연음이나 배음을 내지 않으며 직선적인 소리를 들려줍니다. '지금 당장 보탬이 되는가'라는 기준에 따라 신호가 이어지거나 끊기며 무미건조한 음색을 냅니다.

이상한 일입니다. 사람들은 '애매한 입장'을 인정하려 들지 않습니다. 뜨뜻미지근한 것을 싫어하는 요즘 사람들의 속성일까요. 아니면 '0'과 '1'을 구분해야 하는 디지털 마인드일까요.

한번 만나도 마음을 훈훈하게 해주는 이가 있는 반면, 10년을 함께해도 편하지 않은 사람이 있습니다. 사람 사이의 문제는 기술로 해결할 수 있는 게 아니죠.

디지털 영상 기술로 각광 받는 업체와 미팅을 했습니다. 사장과 직원들이 격의 없이 어울리는 모습이 인상적이더군요. 사장은 관련 분야의 회사를 하나 더 세웠는데 자본금 전액을 본인이 출자한 뒤, 절반은 엔지니어들의 명의로 돌려주었다고 합니다. 그러면 "모두의 회사가 되니까 더 보람 있게 일을 할 수 있다"는 것이지요. 부자라서 기술진에게 지분을 나눠준 것은 아닙니다. 모기업의 자기 지분을 담보로 은행 대출을 받아 자본금을 채웠다고 합니다.

경영이 궤도에 오르면 전문 경영인을 영입하고, 사장 자신은 2선으로 빠지겠다고 합니다. 그걸로 설립자로서의 역할을 다했다고 믿는 것이죠.

저는 이런 경영자를 오케스트라의 '악장'에 빗대고 싶습니다. 연주회가 끝나면 지휘자가 관객들에게 답례의 제스처를 보낸 뒤, 맨 앞쪽 바이올린 연주자와 악수를 나누고 퇴장하는 장면을 볼 수 있습니다. 저도 처음에는 '왜 멤버

들 가운데 그 사람에게만 악수를 청하는지' 궁금했습니다.

　이 사람이 바로 악장이자, 제1바이올린 수석 주자입니다. 단원들의 중심축이지요. 교향악단의 악장은 독주 기량은 물론이고 뛰어난 앙상블 능력과 친화력, 리더십 등을 고루 갖추어야 합니다. 지휘자의 화려한 그늘에 가려져 있지만, 오케스트라의 '실질적인 대표'가 바로 악장입니다.

　앞서 말씀드린 사장은 지휘봉을 전문 경영인에게 넘기고 자신은 엔지니어 출신으로서 기량을 발휘할 수 있는 '악장'으로 물러나겠다는 생각을 하고 있는 셈입니다.

　클래식 음악을 좋아하는 많은 분이 '교향악' 하면 지휘자부터 떠올립니다만, 세계적인 명성의 빈 필하모닉은 지난 33년 이래 상임 지휘자를 두지 않기로 유명합니다. 악장 중심으로 운영됩니다. 지휘자 선정-협연-프로그램 등 오케스트라 운영의 핵심 사항을 단원들이 협의해 결정하는 게 빈 필의 전통입니다.

　한때 빈 필하모닉과 호흡을 맞추었던 클라우디오 아바도는 이렇게 말합니다. "나는 빈 필하모닉을 지휘하지 않았고, 다만 그들과 더불어 연주했을 뿐이다."

경영자에게는 각자의 스타일이 있습니다. '악장'을 자처하는 경영자가 있는가 하면 강력한 카리스마의 '지휘자'를 표

방하는 사람도 있습니다.

지휘자 가운데 가장 널리 알려진 사람이 헤르베르트 폰 카라얀(1908~1989)입니다. 지금까지도 불멸의 거장으로 추앙받습니다.

평론가들은 "바이올리니스트가 자신의 악기를 연주하듯, 카라얀은 베를린 필 하모닉을 자신의 악기처럼 다뤘다"고 표현합니다.

카리얀은 '독재자'로 알려져 있습니다. 말도 많고 탈도 많았습니다. 84년에는 그의 독선에 불만을 품은 베를린 필 하모닉 단원들과 분쟁을 일으켰으며 89년 상임지휘자를 사임할 때까지 줄곧 불편한 관계를 지속했습니다.

우리의 스타트업에도 카라얀 같은 카리스마의 CEO들이 자주 눈에 띕니다. 개성이 강하고 호불호가 뚜렷합니다. '실력'을 중요하게 여겨 파격적인 인사이동을 서슴지 않습니다. 조직을 확실하게 '지휘'하기 때문에 회사가 일사불란합니다. 집념이 강한 악장과 실력 있는 연주자 몇 명만 가세하면 회사가 금방 커집니다.

카라얀은 탁월한 지휘자이지만 '디지털 사업가'이기도 했습니다. 소니의 사장으로부터 "아날로그 녹음이 디지털로 대체될 것"이라는 이야기를 들은 카라얀은 80년 봄, 베를린에서 처음으로 모차르트의 '마술피리'를 디지털 기술로 녹음함으로써 지휘자 가운데 가장 먼저 이 분야에 뛰어들었고 그 이후 모든 음반을 디지털로 제작했습니다. 새 사업에의 동참을 주저했던 다른 음악 감독들과 달리, 변화에 대한 빠른 감각을 가지고 있던 것이지요.

오늘날 CD의 규격이 12cm로 정해진 데는 카라얀의 영향력이 컸다고 합니다. CD 기술을 공동 개발한 소니와 필립스는 당초 CD를 10cm 크기로 제작하려 했는데, 이 경우 한 시간 가량의 분량을 수록할 수 있었다고 합니다.

이에 카라얀이 발끈했습니다. 그럴 경우 베토벤 교향곡 9번(합창)을 한 장에 담을 수 없다는 것이지요. '합창'은 70분 이상이 소요되는 대곡입니다. 결국 카라얀의 주장이 관철되어 오늘날의 CD 규격이 만들어졌습니다.

81년 잘츠부르크에서 열린 부활음악제에서 카라얀과 소니, 필립스의 수뇌진이 참석한 가운데 CD가 처음으로 발표되었고, 카라얀이 녹음한 '전람회의 그림'이 CD에 담겨 나왔습니다.

이지적이고 냉철하며 강력한 리더십을 가진 CEO들을 저는 '카라얀적 사업가'로 명명해 봅니다. 이 분들에게선 정밀하고도 확신에 찬 디지털의 냄새가 납니다. 반면 오케스트라의 대표단원으로써 임직원과 함께 경영을 연주하는 '악장형 사업가들'에게서는 아날로그의 취향이 느껴집니다.

'디지털 카라얀'과 '아날로그 악장'

이런 두 유형 가운데 어느 쪽이 낫다고 결론을 내리고 싶은 생각은 없습니다. 회사가 처한 상황과 CEO의 성격, 임직원 및 가치체계 등의 복합적인 환경에 따라 '카라얀적 사업가'가 적합할 수도 있고 '악장형 사업가'가 빛을 발휘할 수도 있습니다. 부도덕한 일을 저지르지 않는 이상, 경영에는 선악의 판단기준이 적용되지 않으니까요.

대개의 경우 직원 입장에서는 '악장형 CEO'를 선호할 수도 있습니다.' 카라얀적 CEO'를 만났을 때보다는 회사 생활을 편하게 할 수 있을 테니 말입니다. 하지만 상황이 절박하거나 강력한 리더십으로 난관을 뚫어야 할 비상시에는 '아날로그 악장'이 아닌 '디지털 카라얀'의 출현을 원하는 경우가 많습니다.

요즘 오디오 기기들을 보면, 디지털 기술이 얼마나 비약적으로 발전하고 있는지 실감할 수 있습니다. CD의 인공적이며 무미건조한 음색을 조금 더 원음에 가깝게 표현하는 '디지털 보정기술'이 업그레이드됩니다. 그런데 이런 기술이 지향하는 바를 보면 놀랍게도, 그것은 '아날로그'입니다. 결국 디지털의 극한은 아날로그가 아닌가 합니다.

사업은 디지털일 수도 있습니다. '모'가 아니면 '도'입니다. 일을 차질 없이 처리하기 위해 정교한 시뮬레이션을 거친 뒤 결정을 내리고, 방향이 정해지면 죽기 살기로 달려들어야 합니다. 하지만 아무리 생각해봐도 '어울려 살기', '재미있게 일하기', '함께 희망 찾기' 같은 회사의 또 다른 가치는 디지털이 아닌 아날로그 같습니다.

디지털의 기술과 비전으로 사업의 날을 세우는 것도 좋은 선택이지만, 아날로그의 따뜻함과 추억, 열망 등을 송두리째 잊는다면 이는 불행한 일입니다. 디지털의 최종 목표인 아날로그를 항상 염두에 두어야 할 것 같습니다. 차가운 이성과 따뜻한 가슴인 채로 모두 성공을 맞이하길 바랍니다.

추신입니다.

저는 CD 시대를 대표하는 카라얀보다는 아날로그 시대의 명지휘자 푸르트뱅글러(빌헬름 푸르트뱅글러 1886~1954)가 좋습니다. 푸르트뱅글러는 카라얀보다 앞서 베를린 필의 지휘봉을 잡았던 사람입니다. 당시 카라얀은 푸르트뱅글러의 그늘에 가려 있었고, 두 사람의 사이가 무척 좋지 않았던 것으로 전해집니다.

카라얀처럼 시대에 영합하지도 않았고(카라얀은 나치당원 활동 전력을 가지고 있습니다. 그를 싫어하는 사람들은 "카리얀이 유태계 피가 섞인 전처와 이혼한 것도 출세를 위해서였다"고 주장합니다) 끝까

'디지털 카라얀'과 '아날로그 악장'

지 음악 감독으로서 자신의 역할에만 충실했습니다.

베를린 시가에 연합군의 공습이 이어지는 와중에도 연주를 멈추지 않는 불굴의 예술 혼을 발휘하기도 했습니다. 그를 기리는 음악인들은 "패전 후 아수라장이 된 독일에서 주옥 같은 연주를 펼쳐 상심에 찬 독일인들의 마음을 어루만져 주었다"고 칭송합니다.

푸르트뱅글러의 야외 연주 실황앨범이 CD로 나와 있는데, 중간 중간 새가 우짖는 소리도 나고 사람들의 기침도 들립니다. 휴일에 여유가 된다면 푸르트뱅글러의 베토벤 9번 교향곡 연주 실황을 들어보시기 바랍니다.

마지막 악장 '환희의 송가' 부분에서 희망이 솟고 가슴이 두방망이질 합니다. 볼륨을 높이고 들어보십시오.

회사를 하다 보면
만나게 되는 것들 | 3부

사장의 핵심 역량 '안목'

K사장은 엑소더스 악몽에 시달립니다. 꿈에서 직원들은 줄지어 사표를 냈습니다. 고용계약을 맺을 때 '퇴사 한 달 전에 회사 측과 협의하고, 퇴직 후 1년 이내에는 경쟁사에 입사하지 않는다'는 확답을 받았지만 지켜지지 않습니다.

지난달부터 빠져나간 직원이 벌써 10명을 넘었습니다. 회의 때마다 "조금만 참아보자"고 달래지만, 고개를 끄덕이던 직원이 가장 먼저 사표를 냅니다.

K사장은 돈 걱정에 잠을 이루지 못합니다. 다섯 달 전부터 기관투자가의 자금을 유치하려고 돌아다녔습니다. 개발비와 마케팅 비용이 예상보다 늘어나서 재작년에 투자받았던 자금으론 부족하다는 판단에 따른 것이었습니다.

그런데 투자자들마다 "매출이 기대에 미치지 못해 투자가 어렵다"는 반응입니다. K사장은 맥이 빠집니다.

투자유치가 난항을 겪자, 위기를 감지한 직원들의 엑소더스가 이어지고 있습니다. K사장은 "미련 없이 떠나는 직원들을 이해하려고 했지만 요즘은 분노가 치민다"고 말합니다.

> "얼마 전에 CEO 모임에 나갔는데 경쟁업체 사장이 ○○○라는 직원, 실력이 어떠냐고 묻더군요. 그 친구, 우리 회사 핵심 엔지니어인데 휴가 내고 그 회사 가서 면접을 봤던 거죠. 얼마나 창피하던지……."

K사장이 가장 행복했던 시기는 사업을 막 시작했을 때라고 합니다. '이제는 내 일을 한다'는 생각에 가슴이 터질 것 같았다고 회상합니다.

하지만 사업의 규모가 커지고 관여하는 사람이 늘면서 점점 불행해졌다는 게 K사장의 소회입니다. 하루에도 서너 번씩 다투는 산부들과 '왜 이런 일을 시키느냐'며 대드는 엔지니어, '내 연봉이 저 사람보다 적다는 걸 납득할 수 없다'고 따지는 실무자…….

스타트업 특유의 분위기일 수도 있겠습니다만, 직원들을 보면 저마다 '내가 최고'입니다. 잘난 사람들이 꿈과 희망을 좇아 모여든 곳이니 그럴 수도 있겠습니다.

다양한 출신의 사람이 어울리는 과정에서, 프로토콜을 맞추기 어려운 상황이 수시로 벌어집니다. 대기업에서 일하다 온 직원은 "회사 지원이 엉망"이라며 불만이 많고, 재야에서 잔뼈가 굵은 엔지니어는 "왜 경력을 차별하느냐"고 목소리를 높입니다. 필요한 건 많은데, 본인이 하겠다고 나서는 사람은 많지 않습니다. 뭐든지 회사가 해결하기를 바랍니다. 다만, 그 회사가 신생이어서 체계가 잡히지 않았다는 게 문제죠.

K사장은 북새통에서 이리 저리 터지느라 보낸 세월이 아쉽다고 말합니다. 난리법석의 당사자들을 달래고 어르느라 마신 소주병이 몇 박스는 될 거라며 웃습니다.

몇 명 되지도 않는 직원끼리 소관업무를 따지고, 미운 사람 핑계를 대며 차일피일 일을 미루는 사이에 세월은 흐르고, 회사의 자금은 바닥을 드러냅니다.

K사장의 비유에 따르면 이쪽 동네는 '철새 도래지'와 비슷하다고 합니다. 철새는 날이 추워지면 따뜻한 남쪽 나라를 향해 줄지어 갑니다.

사장의 핵심 역량 '안목'

오래 전부터 스타트업을 전전한 선배는 이렇게 말씀하시더군요.

> "직장인은 많은데 직업인은 찾기가 힘들어. 스타트업에 '투신'했다면 직업인이어야 하는데 직장인이 많은 게 문제지."

이분이 얘기하는 바는 일종의 '프로의식'입니다. 자신의 기술과 재능을 아낌없이 쏟아 붓는, 회사를 통해 자신을 구현하는 직업인으로서의 프로의식 말입니다. 하지만 직장인의 경우, 자기계발이나 회사의 기여도 보단 '안정적으로 많은 월급을 주는 조직'만을 바란다는 게 이분의 불만입니다.

솔루션 개발업체인 B사의 L사장은 최근 각 사무실에 CCTV 카메라를 설치했습니다. 영상을 통해 각 부서 사람들의 움직임을 파악할 수 있도록 약간의 투자를 한 셈이지요. 물론 직원들은 "여기가 무슨 감옥이냐"며 반발했습니다.

L사장은 "보안용이고, 다른 뜻은 없다"고 변명을 했습니다만, 측근에게는 다른 얘기를 했답니다.

> "애들을 믿을 수가 있어야 말이지. 일은 안하고 다른 짓하

는 애들이 있는 것 같아. 살펴보다가 시범 케이스로 몇 명을 조치해야겠어."

업무 시간에 아르바이트(지인의 일을 약간 도와주었을 뿐이라고 변명했지만)를 하다가 발각된 경우가 있었다고 합니다. 밤이 되면 게임천국이 벌어졌습니다. 부서별 리그전 혹은 상금(참가자 각출)까지 내건 단체전과 개인전이 수시로 열린다는 제보를 받은 적도 있답니다. 그래놓고는 밤샘근무를 했다는 핑계로 오후에 출근하기 일쑤.

사장의 시각에서 보면 그런 직원들은 '이리떼'였습니다. 자본금을 뜯어먹는 약탈자라고 할까요?

하지만 저는 근본적으로는, L사장의 경영능력 부재가 문제의 원인이라고 봅니다. 어쩌다가 상황이 좋았던 시기에 기관 투자가들로부터 수십억 원을 끌어들이자마자 회사의 덩치부터 키웠던 것이죠. 경력이 좀 있다 싶으면 'OK' 하고 받아들였는데 그 중 상당수가 허당이었던 겁니다. 이력서에 프로젝트 참여 경력을 가득 채웠던 사람들 가운데 상당수가 '프로젝트의 구경꾼' 또는 '옆 부서의 일원'이었던 것으로 드러났습니다.

이런 가운데 L사장은 책임을 그들에게 돌리고 있습니다. 사기 쳐서 입사한 일부가 조직을 오염시키는 통에 멀쩡

했던 사람들마저 엉망이 되어가고 있다는 인식입니다.

사장은 '신대륙 탐험선의 선장'입니다. '성공'이라는 신대륙에 도달하기 위한 항로와 일정을 짜고(전략), 변덕스러운 파도와 태풍에 맞서 싸울 수 있는 자세(용기)를 갖춰야 합니다. 반목하는 선원들을 아우르며(리더십) 목표를 향해 과감히 나아가는 기상(돌파력)이 필요합니다. 결코 아무나 할 수 있는 역할이 아닙니다.

자질이 부족한 선장이 탐험선을 지휘하면, 말 그대로 배가 산으로 가고, 자칫하면 선상반란이 일어날 위험이 있습니다. 그렇기에 더욱 선장은 운명을 함께할 선원들을 심사숙고해 추려야 합니다.

가장 중요한 부분은 '비전을 함께할 수 있는지' 여부입니다. 핵심세력을 모으고 그들을 중심으로 탐험대를 꾸려야 합니다.

L사장의 경우 '훌륭한 선장'은 못 되는 것 같습니다. 연안의 멸치잡이 경력자들을 신대륙 탐험대의 적격자로 착각했으니까요. 적격자가 아니라면 고강도 훈련을 거쳐서라도 탐험대의 일원으로 거듭나게 했어야 합니다. 하지만 그는 이런 조직 운영에 실패했습니다.

모든 사업이 마찬가지겠지만, 특히 적은 핵심인력으로

험한 길을 가야 하는 스타트업 CEO로서는 '인재를 구별하는 안목'이 중요합니다.

하지만 너무 늦은 건 아닙니다. 먼 길을 가는 데 최적화된 기업 문화를 지금부터라도 차근차근 만들면 됩니다. 어차피 오래 걸리는 일이니까요.

투자를 '하는 자'와 투자를 '받는 자' – 엇갈린 시선

어려운 시기에 투자를 유치하려는 시도는 '고난의 길'임에 틀림없습니다. CEO에게는 쓰디쓴 인내를 시험하는 무대이기도 합니다. 어제까지 잘 진행되던 상담이 돌연 교착상태로 빠져 듭니다. 걸핏하면 말이 바뀝니다. 한두 달이면 종료될 것 같던 펀딩이 1년을 끌기도 합니다.

상대가 침공해 들어올 빌미를 주지 않으려고 끊임없는 탐색전과 신경전을 벌입니다. 약자 입장인 스타트업 CEO가 이런 과정을 참아내고 버티는 모습을 보면, 득도에 이르는 게 바로 이런 고통이 아닐까 생각이 들 정도입니다.

그래서 초창기 기업의 CEO에게는 고래 힘줄처럼 질긴 신경이 필요합니다. 변덕이 죽 끓듯 하는 시장에서도 의

연하게 스스로를 지켜나가며 협상을 이끌어가야 할 것입니다. 안팎의 환경에 휘둘리다가는 후회할 일만 남을 뿐입니다.

투자유치 시기를 놓치고 뒤늦게 후회하는 CEO들을 곧잘 봅니다. 투자자가 제시한 조건이 마음에 들지 않아 협상을 길게 끌다가 시장이 얼어붙자 옴짝달싹 할 수 없게 된 경우입니다.

자금난을 겪는 K사만해도 그렇습니다. 이 회사 사장은 작년 상반기, 투자자들이 생각만큼 기업 가치를 평가해주지 않자 "그런 조건으로는 차라리 투자를 안 받고 말겠다"며 버텼습니다. 하반기 들어 생각이 바뀌었는데 이미 열차는 떠나고 난 뒤였습니다.

스타트업 CEO들을 만나다 보면 벤처캐피털 욕을 자주 합니다. 좋은 조건에 투자를 받지 못한 CEO일수록 불만의 강도가 높습니다. 협상을 하다 보면 울화가 치민다고 합니다. 벤처캐피털의 경영자나 심사위원들 역시 기업에 대한 불만을 토로합니다. "말도 안 되는 주장을 듣다 보면 기가 차서 웃음도 안 나온다"며 허허 웃습니다. 돈 놓고 돈 먹는, 때로는 판돈을 송두리째 날릴 수도 있는 투자게임 세상이라 그렇습니다.

다음 기록은 여러 CEO와 벤처캐피털 사람들을 만나면서 그동안 주워들은 상대방에 대한 이야기입니다. 말의 편린을 주워 모아 재구성한 것이지요. 각자가 처한 상황은 다르지만 묘하게도 상대방에 대한 인식은 비슷합니다.

이런 말잔치를 유형별로 분류해보는 이유는 '서로의 입장'을 이해해보고 참고하자는 취지에서입니다. '지피지기면 백전백승'이라는 말을 꺼낼 필요도 없습니다.

현장에 난무하는 '거친 말'들을 여과 없이 내보내는 것은 그만큼 서로에 대한 불신이 극에 달했다는 느낌을 생생하게 전달하고자 함입니다.

날강도다

스타트업 시각 1

"무조건 깎자고 달려든다. 싸게 들어와서 나중에 크게 먹겠다는 거면 차라리 이해할 수 있다. 그런데 그것도 아니다. 마냥 거저먹으려고 한다. 이게 날강도 심보가 아니면 무엇인가."

"심사를 한다면서 꼬투리 잡는 데만 혈안이 되어 있다. 꼬투리를 잡아서 기업 가치를 낮게 평가하려 한다. 심사인지 심문인지 헷갈린다. 딜(Deal)이라는 게 서로의 입장 차이를 좁혀가면서 진행되어야 하는데, 이건 완전히 우격다짐이다."

"처음에는 우리 아이템이 괜찮으니 투자를 하겠다며 검토해보자고 적극적인 자세를 보였다. 그러다 가격 얘기가 나온 이후로는 계약을 차일피일 미루고 있다. 우리가 자금 사정이 급한 것을 알고는 배짱을 부린다. 아마 결국에는 값을 깎아줄 것이라 생각하는 모양인데, 천만의 말씀이다. 다른 곳을 알아보겠다."

"본인들한테 투자를 받기로 결정이 나면 다른 VC들이 떼거리로 몰려온다는 말을 믿고 할증을 절반이나 후려쳐 주었다. 다른 VC들을 모아주겠다는 약속도 받았다. 하지만 그곳 외에는 한 곳도 투자를 받지 못했다. 유치 목표 금액의 30%도 채우지 못했다. 다시 자본유치를 추진하고 있는데, 전혀 다른 소리를 하고 있다. 다른 곳은 더 높은 배수로 들어와야 인정을 해주겠다고 한다. 이게 적반하장이 아닌가."

"경영 컨설팅도 해주고 마케팅 등에서 좋은 네트워크를 구축해준다고 하길래 흔쾌히 낮은 가치평가를 감수했다. 그런데 몇 달이 지나도 전혀 보탬을 주지 않고 있다. '실적이 왜 이 모양이냐'면서 몰아세우기만 한다. 한국 VC들은 아직도 멀었다."

간 · 배 · 밖이다

VC의 시각 1

"간 · 배 · 밖 기업이 많다. 한마디로 간이 붓다 못해 배 밖으로 나왔다. 설립한 지 1년이 다 되어가도록 실적도 없는 회사가 투자를 해달라면서 상상도 못할 배수를 요구한다. 마치 맡겨놓은 돈 내놓으라는 투다. 도깨비 방망이를 숨겨놓고 있는 건지, 세상물정 몰라서인지 모르겠다."

"기업 가치가 무슨 엿가락인줄 아는 모양이다. 사업계획서를 들고 오는 회사들이 죄다 10배 이상은 늘여서 가져온다. 내가 그동안 받아본 사업계획서의 예상매출을 모두 합치면 구글도 인수할 수 있을 것이다. 기업 가치는 잡아늘인다고 해서 늘어나는 게 아니다. 협상 과정에서 낮아질 것으로 짐작하고 일단 높여 놓고 보자는 식인데, 이런 식이면 신뢰에 의문을 제기할 수밖에 없다."

"사업을 하겠다는 사람들이 현실을 너무 모른다. 신뢰가 가지 않는 매출계획을 보여주면서 패기를 믿어달라고 한다. 백번을 양보해 사람은 믿을 수 있다. 하지만 사업은 믿을 수 없다. 투자를 사람에 대한 믿음만으로 할 수 없다. 사업을 하는 사람이 믿음직스러워도 결국 투자자를 속이는 것은 사업이다."

"우리가 기업 가치를 깎는다고 했는데, 그 말은 못 들은 것으로 하겠다. (기분이 상한듯) 깎는다는 것은 흥정을 한다는 의미다. 흥정을 해서 시세보다 낮게 매입하는 이익을 추구한다는 것이다. 그런데 우리는 기업 가치는 깎이지 않는다. 아무리 잘 봐주려고 해도 요구하는 수준의 가격이 나오지 않는데, 어떻게 깎는다는 것인가. 물론 우리가 매기는 가치가 항상 옳다고는 할 수 없다. 그러나 우리의 관점에서 볼 때 그 정도의 가치밖에 없고, 또 거기에 우리가 기대할 수익률을 적용해야 하니 높게 쳐줄 수 없다는 것이다."

앉아서 하는 돈 장사, 누가 못하나
스타트업 시각 2

"요즘 투자유치의 관건은 매출이다. 찾아가는 창투사들마다 첫 마디가 '매출이 얼마나 되느냐'이다. 시작한 지 얼마 되지 않아서 아직 없다고 하면 짜증스런 반응을 보인다. 매출이 잘 나면 왜 투자를 받으러 귀한 시간 버리고 다니겠는가. 그렇게 확실한 회사에만 투자를 한다면 그런 돈 장사, 누가 못하나? 앉아서 돈 벌겠다는 것 아닌가."

"기술 개발하고 제품을 만들어 판매하는 데는 상당한 시간이 걸릴 수밖에 없다. 이제 시제품을 만들어 설비투자 하려고 투자받으려 했더니 매출이 없어 못해주겠단다. 그럼 세상에는 설비투자 없이 제품을 만들어 매출을 올리는 기업이 있다는 말인가?"

"사업계획서를 줬더니 뭐하는 회사인지도 보지 않고 뒷장(재무 부분)부터 본다. 매출하고 이익 전망만 보고서는 '뻥 튀기기 심하다'며 듣기 싫은 소리를 한다. 우리 기술에 관심도 없고 숫자 얘기만 한다. 은행에서 돈을 빌릴 때도 뭐하는 회사인지 먼저 따지는 게 상례다. 충격적이었다."

"원하는 서류가 뭐 그리 많나. 계약서를 전부 가져오라고 하더니, 시간만 끌다가 나중에는 기술보증을 받아오라고 한다. 투자가 아니라 전환사채를 발행해 인수해주겠다는 거다. 면피 하자는 것 아닌가. 이렇게 땅 짚고 헤엄친다면 무슨 벤처 투자인가."

VC는 땅 파서 장사하는 것이 아니다
VC의 시각 2

"매출은 기업의 가장 기본적인 생존 활동이다. 매출이 없으면 무엇으로 먹고 살겠는가. 그런데 어떤 분들은 매출을 올릴 생각은 하지 않고 투자 받아서 먹고살 생각을 하는 것 같아 답답하다."

"초기 기업의 어려움은 알고 있다. 그렇기에 매출이 저조하면 계약 추진 상황이라도 확인하자고 하는데, 그만한 이유가 있다. 가능성이라도 보자는 것이다."

"요즘은 대박을 바라지 않는다. 기업 가치를 300억 원으로 보고 투자를 하면 IPO 이후에 형성되는 시가총액이 고

작 해야 400억 원 남짓이다."

"우리는 땅 파서 장사하는 줄 아는 모양이다. 우리도 실적에 쫓긴다. 이익을 많이 내지 못하면 투자조합을 결성하기 힘들다. 생각해 보라. 이익 못 내는 펀드에 누가 자금을 맡기겠는가?"

사채업자와 무엇이 다른가
스타트업 시각3

"어렵사리 투자를 받았다. 그런데 투자의 조건이 웃긴다. 규모 있는 자금을 집행할 때는 반드시 사전 승인을 얻으라고 한다. 한편으론 자기들이 지정한 금융기관과 거래하라고 한다. 이렇게 못 믿을 거면 왜 투자를 했는지 모르겠다."

"각서를 쓰라고 해서 썼다. 상황이 절박해서 지푸라기라도 잡으려는 심정이었다. 목표를 달성 하지 못하면 대표이사가 책임지고 갚겠다는 조건이었다. 얼마 후면 각서가 차용증으로 둔갑할 것이다. 이렇다면 사채업자와 다를 게 무엇인가.”

“주변에 눈 뜨고 경영권을 빼앗긴 사례가 있다. VC가 다른 주주들과 결탁해 대표이사를 해임하고 다른 업체에 M&A를 시켰다. 소름이 끼쳤다. 최후까지 버텨보려고 한다. VC자금을 받지 않고 사업을 하는 게 가장 좋은 방법이다.”

“경영권 침해가 이만저만이 아니다. 여차하면 뭔가 일을 저지르려고 딴 생각을 품고 있는 것은 아닌가 의심이 들기도 한다. 그 사람들 상대하는 게 CEO의 주 업무다. 시어머니 모시는 것도 이제는 지겹다.”

투자 상담에 성의를 보이지 않는다
스타트업 시각4

“사업계획서를 휘휘 넘기다가 질문도 거의 하지 않고는 ‘검토해 보겠다’고 한다. 연락이 없어서 전화를 했더니 ‘아직 검토 중’이라고 한다. 너무 성의가 없는 것 아닌가.”

투자를 ‘하는 자’와 투자를 ‘받는 자’ – 엇갈린 시선

"다른 회사들처럼 '심문'이라도 한번 당해 보았으면 소원이 없겠다. 이메일로 보내라는 데가 대부분이다. 비슷한 사업이라도 각각의 특색이 있기 마련인데 얘기도 안 들어 보고 뭘 어떻게 평가할 수 있다는 것인가."

"솔직하게 말해주는 곳이 없다. 투자 의향이 있는지 없는지 감을 잡기가 어렵다. 한참을 미적거리다가 시간을 까먹은 뒤에야 '투자하기 어렵다'고 한다. 투자자금이 여유롭지 않다면 차라리 솔직하게 돈 없다고 하라. 빨리 다른 곳을 알아보아야 투자를 받을 것 아닌가."

투자할 곳이 마땅치 않다

VC의 시각3

"당신도 1년 열두 달 온갖 사업 계획서를 받아 보라. 귀신은 못되어도 도사는 된다. 50개 정도 받아보면 그 중에 원석(가공뇌지 않는 보석) 하나가 있을까 말까 한 정도다. 뭐하는 회사인지만 봐도 머릿속에 환하게 그려진다. 대충 넘겨보는 것 같아도 볼 것은 다 본다."

"찾아오는 회사가 거기서 거기다. 기술에도 차별성이 없다. 아이디어가 반짝이는 사업도 간혹 있기는 한데, 그것도 아이디어일 뿐이지 시장성이 없는 경우가 많다. 그래서 관건은 마케팅인데 마음에 드는 업체를 찾는 것이 쉽지 않다. 리스크가 높은 곳에 투자를 하는 일이 VC이기는 하지만, 투자를 환수하기 어려워 보이는 곳에 무턱대고 자금을 쓸 수는 없지 않은가."

"사업계획서 작성도 사업의 일환이다. 그런데 그 첫걸음마저 기준이하인 곳이 태반이다. 해당 분야에서 잘 나가는 경쟁사가 여럿 있는 것을 우리도 뻔히 알고 있는데, 자신들이 독점 기업이고 시장을 장악했다고 거짓말을 한다."

"사업계획서의 숫자도 맞지 않고 주력사업이 뭔지도 모르게 만들어서 들고 오는 업체들도 허다하다. 이런 경우 신뢰성에 의심이 가기 마련이다. 어차피 심사란 사람이 하는 것이다. 좋지 않은 선입견을 갖게 되었는데, 어떻게 호의를 가질 수 있겠는가."

"말이 좋아 심사역이지, 우리도 내부적으로는 영업맨이다. 좋은 투자대상을 물색해 잘 가공한 다음 경영진에게 심사

보고를 올린다. 기업들이 우리에게 지분을 팔려고 노력하는 것처럼 우리도 경영진의 투자 결정을 이끌어내기 위해 영업을 한다. 기업들은 심사위원들이 지나치게 깐깐하다고 불평을 한다. 하지만 실무자조차 납득하지 못하는 사업으로 어떻게 경영진을 이해시킨다는 말인가."

"기업의 가치는 유한하다. 이미 값어치를 떨어뜨려 단물을 빼먹은 기업들이 2차 펀딩을 받겠다고 오는 경우가 많다. 1차 펀딩에 들어간 기관들이 곧바로 무상증자를 때려서 자본금을 수십억 원 규모로 만들어 놓고서는 또 자금조달을 하자고 한다. 1차 펀딩에 들어갔던 기관들이 조금만 장기적인 안목을 가지고 있었더라면 이런 불상사는 피할 수 있었을 것이다. 처음으로 투자하는 VC들이 다음 번 투자유치를 위해 미리 배려를 하고, 또 그런 환경을 만들어주기 위해 노력하는 자세를 가졌으면 한다. CEO들 역시 마찬가지다. 주식 수만 늘어나고 경영에는 보탬이 되지 않는 무상증자에 현혹될 것이 아니라, 적극적으로 VC들을 설득해야 한다."

"VC라고 해서 다 같은 VC가 아니다. VC의 간판만 걸었을 뿐, 다른 쪽에 더욱 관심을 갖고 있거나 비정상적인 투자를 하는 회사들이 없다고 장담 못 한다. 어떤 곳에서 투자를 받을 것인지를 결정하는 것은 해당 기업 경영진의 몫이다. 어떤 곳이 VC답고, 어떤 곳이 VC같지 않은지는 살펴보면 알 수 있다. 투자를 잘 못 받아 후환을 키우는 것도 결국은 경영실패라고 볼 수밖에 없다."

서로가 반목하게 된 데는 시장 탓이 큽니다. 시장이 이렇게 거꾸러지지만 않았어도 좀 더 좋은 위치에서 만나 협상 테이블에 앉을 수 있었을 것입니다. 하지만 그렇다고 '모든 게 시장의 잘못'이라고 치부해 버리기도 어렵습니다.

많은 벤처캐피털들과 투자 기업들은 윈-윈 게임을 하고 있습니다. 모 창투사의 경우 내년에 IPO가 예정되어 있는 투자기업의 주식이 장외시장에서 인기를 끌자, 이를 매매·중개 하는데도 관여하는 등 세심한 노력을 기울이기도 합니다. 또 다른 창투사는 투자업체에 외국자본을 끌어들이기 위해 실무를 준비하고 있습니다.

함께 이기는 게임을 만들어 보겠다는 공감대만 형성이 된다면 얼마든지 좋은 파트너로 서로를 바라볼 수 있습니다. 독식하겠다는 과욕만 없다면 말입니다.

주고받는 게 미덕이라고?

가만 보면 우리 사회에는 오묘한 '주고받는 미덕'이 횡행합니다.

기관의 투자를 받기 위해 동분서주하던 L사장이 겪은 일입니다. 몇몇 기관으로부터 투자를 거절당한 이후 어떤 벤처 캐피털에 갔더니, 그 회사 임원이 '바터'를 제안했다고 합니다.

"투자조합 결성이 힘들어 여력이 없다. 만약 펀드에 OO억 원을 끌어준다면 그만큼 투자를 해줄 수 있겠다"는 것입니다. K사에는 모 대기업이 15%의 지분을 갖고 2대 주주로 참여하고 있습니다. 이 대기업을 설득해 조합에 참여시켜 준다면 그 대가로 투자를 해주겠다는 것이지요.

다른 회사의 J사장은 목표만큼의 매출을 올리지 못해 투자자들로부터 자주 원망을 들었다고 합니다. "그런 식으로 언제 상장 하겠냐"는 것이죠. 그런데 얼마 전에 '백만 원 군'을 만났습니다.

지인 소개로 굴지의 기업을 뚫게 된 것이지요. 많은 계열사를 거느린 모기업에 납품을 하게 될지도 모른다는 가능성만으로도 짜릿한 일입니다.

그러나 모기업 실무자와 회의를 거듭할수록, J사장은 기대가 엉뚱한 방향으로 흐르는 낌새를 감지했습니다.

처음에는 분위기가 좋았는데 차츰 말을 바꾸기 시작했던 것이죠.

> "저한테 전권이 있다면 제안을 그대로 수용할 텐데 윗분들이 비싸다고 해서요. 제가 계속 설득은 하는데 어떻게 하면 좋을지 고민이네요."

몇 차례 회의를 오간 결과, 납품단가가 처음의 80% 선으로 결정되었습니다. J사장으로서는 마진의 희생을 감수하더라도 계약하고 나면 이번 실적을 발판 삼아 다른 경쟁에서도 유리해질 거라고 생각했습니다.

하지만 계약서를 준비해간 J사장은 막판에 강력한 편

주고받는 게 미덕이라고?

치를 맞고 넉다운되고 말았습니다. 그 날 처음으로 모습을 드러낸 구매 담당 임원이 엉뚱한 요구를 하는 거였습니다. "우리 투자사 중에 힘들어 하는 곳이 있는데, J사장이 실적을 조금 보태주면 안 되겠느냐"는 얘기입니다.

J사장이 재빨리 머릿속으로 계산을 해보았습니다. 어렵다는 회사의 물품을 사들여 이러저러한 경로를 통해 처분하면 최악은 면할 수 있다는 판단에 "그러자"고 계약서에 날인을 했답니다.

대기업의 '노련함'이 돋보입니다. 원하는 방향으로 '을'을 몰고 가는 솜씨가 그렇지요.

'미덕'을 강요당한 J사장은 거래처 자회사의 '실적 짜내기'에 동원된 형국이지만, 가급적이면 윈-윈으로 생각하고 싶다고 합니다. 우여곡절 끝에 따낸 계약일지언정 잘 연계시켜 자회사 쪽으로도 판로를 개척해 보겠다는 생각입니다. 돋보이는 실적이 마케팅에는 도움이 될 테니까요.

법인 간의 이런 '미덕'은 그나마 견딜 만합니다. 당하는 '을'의 입장에서는 억울하지만, 어쨌든 '갑'이나 '을' 모두 '회사를 위해서' 하는 일이니까요.

개인과 개인이 주고받는 쪽은 또 달라집니다.

시도 때도 없이 '골프 치자'고 연락을 하는 '갑'이 대표

적입니다. L대표의 경우, 목요일 오후에 전화를 해서 "이번 주 토요일에 필드 나가자"는 사람도 봤다고 합니다. 골프장 부킹이 진즉에 마감된 것을 뻔히 알면서도 막무가내라는 것이지요.

이런 '미덕 발휘' 주문이 들어오면 '을'의 입장에서는 미치고 펄쩍 뛸 노릇이랍니다. 온갖 곳을 수소문하다가 마침내 수십만 원의 웃돈을 주고 예약을 따냅니다. 라운딩에 소요되는 비용도 그의 몫이고요.

터무니없는 요구마저 신속히 해결할 수 있어야 '능력 있는 을'로 인정을 받는 모양입니다.

우리 사회 상당수의 '갑'들이 회사 일을 빌미 삼아 자신이 '을'에게 시혜라도 베푸는 양 착각을 하는 것 같습니다. 일부 '을'이 그렇게 처신을 하는 탓에 먹이사슬 구조가 더욱 가혹하게 형성되는 측면도 없지는 않습니다.

'불합리한 관행'이 사라진, 등가교환이 미덕인 세상을 보고 싶습니다. 힘이 없다는 이유로 당하고 빼앗겨야 하는 '조폭 사회'가 지속되는 한, 희망은 요원할 뿐입니다.

초(超) 고학력의 '꾼'들

일반적으로 대학을 졸업하면 고학력자이고, 박사학위까지 받았다면 초(超)고학력자입니다. 세계에서 박사 인구밀도가 가장 높은 곳이 대한민국의 어떤 도시라고 하지요?

하지만 '긴 가방 끈'을 가진 일부 사람들의 행태를 보면 어렵게 공부를 시킨 부모가 불쌍하다는 생각마저 들 때가 있습니다. 박사 아들이 '눈먼 돈을 탐하는 자'로 전락했다면 그 부모의 마음은 어떻겠습니까?

물론, 상당수의 배운 사람들, 특히 과학기술 분야 지식인은 우둔하다고 표현할 만큼 심지가 곧습니다. 프라이드가 강해 얕은 유혹에 쉽게 넘어가지 않습니다. 원칙을 지키기 위해 거액의 제안을 포기하는 사람도 볼 수 있습니다.

제가 문제 삼는 초고학력자는 시스템의 허술함을 간파해 그 틈을 파고들어 자신의 이익을 취하려는 '꾼들'입니다.

얼마 전, 한 대학교수의 이야기를 들었습니다. 미국에서 컴퓨터 프로그래밍 박사학위를 따고 포스트 닥터 과정까지 마친 초고학력자였습니다. 세 개 스타트업에 대주주로 참여하고 있는 '경영인'이더군요.

교수의 회사에서 일하다가 뛰쳐나온 제자의 표현에 따르면 연구보다는 '발로 뛰는 경영인'으로서의 자신에 더욱 애착을 갖고 있는 듯 합니다. 이분의 능력은 돈을 끌어들이는 남다른 경쟁력에서 여실히 드러납니다.

몇몇 중견 기업에 기술개발 프로젝트를 제안했다가, 상대 회사가 적극적으로 나오자, 아예 신생 회사를 차려 대주주가 되었습니다. 한편으로는 연관 대기업에서 중책을 맡은 동창들에게 차명으로 지분을 떼어주며 '고공 플레이'를 했다고 공공연하게 자랑을 한답니다. 대기업이 뒷배 역할을 해주면 안정적인 매출을 확보할 수 있으니 코스닥 등록을 할 때 좋은 모양새를 갖출 수 있겠지요.

한데 그렇게 설립했던 스타트업 세 곳 가운데 하나가 부진을 면치 못하자, 교수는 그 곳 자금 상당액을 빼내어 다른 곳에 몰아놓고는 껍데기만 남겨 방치하는 중입니다.

초(超) 고학력의 '꾼'들

이 회사에 투자했던 중견기업 실무자가 알아채고 문제를 제기했지만, 이마저도 대기업을 내세워 무마했다지요.

재미있는 부분은 교수 분께서 세 개 회사를 창업하는 데 쓴 자기 돈이 총 3,000만 원에 불과하다는 점입니다. 참고로 이들 회사의 설립 자본금은 각각 3억~6억 원 선입니다. 각각 1,000만 원씩 투자하고도 대주주가 된 셈입니다. 그런 후에 2차 투자를 끌어들여 총 수십억 원을 모았다고 합니다.

'경영권 프리미엄'이라는 용어를 아시지요. 투자자들이 자금을 대면서 일부는 경영자의 몫으로 돌려주는 겁니다. 할증배수를 결정할 때 서로 양해를 구해 이런 방식을 씁니다. '실력 있는 교수'라는 믿음이 높은 프리미엄으로 연결되었을 겁니다.

한데 이들 회사의 핵심 연구 인력은 제자들입니다. 석사과정 몇 명은 휴학을 시켰고, 심지어 박사과정 학생 두 명은 아예 학업을 중단시켰다는 후문입니다. 급여는 더욱 기가 막힙니다. 학생 때 교수가 연구비에서 내주던 것보다 약간 많은, 최저생계비 수준입니다.

반면 교수는 세 개 회사로부터 꼬박꼬박 상당 금액의 월급을 챙긴답니다. 자신의 돈과 명예를 위해 제자들을, 힘없는 청춘들을 희생시키고 있는 것이지요.

강제 학업중단에 불만이 많았던 한 학생이 교수가 회식자리에서 털어놓은 '취중진담'에 넌더리가 나서 인연을 끊을 결심까지 했다고 합니다. '장인'의 품을 떠난 '도제'는 그 영역에 다시 발을 붙이기 힘들다고 합니다. 그런 불이익까지 감수하겠다는 것이죠. 전해 듣기로는 이런 내용이었습니다.

> "세상에서 가장 덜 떨어진 부류가 자기 돈 가지고 사업하는 놈들이야. 돈 댈 사람이 우글우글한데 왜 내 돈으로 사업을 해? 뭐라고? 실패? 그래도 손해 볼 게 없잖아. 내 밑에서 잘 배워두면 너희도 나중에 한몫 잡을 거다."

그렇다고 교수가 제자들에게 주식을 나눠주거나 스톡옵션을 약속한 것도 아닙니다. "우리에게도 지분을 달라"고 감히 요구할 제자도 없었을 테지만요.

작년에 스타트업을 차린 L박사는 '세상이 인정하는 프로젝트 꾼'입니다. 제안서 몇 장으로 수억 원을 뚝딱 따내는 실력을 가지고 있습니다. 프로젝트 제안서를 쓰는 실력이 굉장합니다. 당초 의도했던 사업이 잘 진척되지 않자, 요즘에는 공동개발 프로젝트에 매진하고 있습니다. 제안서를 들고 이 기업, 저 기업을 찾아다니는 게 일과랍니다.

저는 기술에 문외한이어서 모르겠지만, 특정 분야를 연구하다 보면 그로부터 파생되는 아이템이 꽤 많은가 봅니다. L박사는 이런 아이템을 '스토리텔링' 해서 가공하는 데는 타고난 것 같습니다. 하루 세 건의 제안서를 쓴 적도 있다고 하네요.

주변 박사들은 "혹시 문학 박사 학위를 받은 것 아니냐"고 비웃지만, 당사자는 "돈 안 되는 짓거리에 허송세월하는 너희들보다는 낫다"고 맞받아친답니다.

L박사의 수완은 '학교에서 단련된 것'이라고 합니다. 도제 생활 때 교수의 프로젝트에 참여하며 닦은 경험이 노하우로 축적된 듯싶습니다. 박사 과정 때부터 프로젝트를 주도했다고 하니, 진즉부터 사업가 기질을 발휘한 것이지요.

여담이지만 일부 이공계 대학은 문제가 많습니다. 몇몇 대학은 교수 평가 항목 가운데 최우선 순위를 '돈 따오는 성과'에 둔다고 합니다. 그러니 재임용에 탈락하지 않으려면 연구개발보다 당장의 수익사업에 매달릴 수밖에요. 돈에만 눈이 어두우니 실용기술에 치중할 수밖에 없고, 기반이 취약한 우리나라 과학기술은 미래가 암담해집니다.

최근 L박사에게는 기대하지 않았던 프로젝트를 수주

하는 행운까지 겹쳤습니다. 정부 추진과제로, 수억 원이 투입될 예정이랍니다. 다만 문제가 좀 있는데요. 중심 역할을 맡게 된 그의 회사가 그 프로젝트의 본질과는 그다지 관계가 없다는 것입니다. 회사가 뛰어난 엔지니어로 구성되어 있는 것은 사실이지만, 그 일에 투입할 마땅한 인력이 없는 거죠.

L박사는 다른 대학에 외주를 주는 식으로 일을 진행할 생각이라고 합니다. 제 지인이 "대체 어떻게 그 프로젝트를 따냈느냐"고 물었더니 L박사가 이렇게 대답했다네요.

> "우리나라 판이 좀 좁잖아? 아는 사람끼리 다 해 먹는 거지 뭐. 한 다리 건너면 동기에, 선후밴데 이 정도 못 해주겠어?"

지난 얘기지만, 어떤 박사가 스승을 등쳐먹은 에피소드를 들은 적 있습니다. 그 교수님을 제가 만난 적이 있는데, "제자를 잘 못 가르친 내 탓"이라며 잘못의 화살을 돌리더군요.

박사 학위를 받아 대기업 기술연구소에서 일하던 이 사람은 교수가 추진하던 프로젝트가 완료됐다는 소문을 듣고 달려와서는 애타게 매달렸다고 합니다. 정부의 어떤 사

초(超) 고학력의 '꾼'들

업에 활용할 경우 안성맞춤이라는 그림을 그려놓은 후였지요.

교수는 제자가 '급하다'며 조르는 터라 기술 이전이나 사용권 같은 정식 계약도 맺지 않은 채 소스 코드를 넘겼는데 이게 실수였던 것이죠.

제자는 자기 회사를 급조하면서 이를 자신의 고유 기술인 것처럼 꾸며 정부 입찰을 따냈습니다. 화가 난 스승이 제자를 찾아가 따졌으나 뻔뻔하게 대드는 바람에 할 말을 잊었다고 합니다. 한술 더 떠 "일손이 부족하니 애들 좀 보내 달라"고 애원하더랍니다.

대다수 스타트업이 자금난에 시달리는 반면, 굵직한 동아줄을 거머쥔 일부의 사업은 어려울 때 더욱 잘 나갑니다. 세상의 '눈먼 돈'을 귀신처럼 찾아내거든요.

'눈먼 돈'은 겉모양이 번지르르한 곳에 몰리기 쉽습니다. 시장이 불안하니까 더더욱 안심이 되는 투자처를 찾으려는 심리인 것이죠. 그러다 결국 가방 끈이나 브랜드에 대한 '묻지 마 투자'로 이어집니다.

'미국의 성공 기업인 가운데 고등교육을 받지 않은 사람이 수없이 많다'고 남 얘기를 하면서도, 정작 투자나 프로젝트를 결정할 때는 가방 끈을 따지고 지연 학연부터 챙기는 우리 사회의 관행을 어떻게 해야 바로 잡을 수 있을까요.

사기꾼 감별법

우리나라 사람들, 머리 하나만큼은 기가 막히게 좋습니다. 자고 나면 바뀌는 디지털 세상에 적응하는 속도가 그야 말로 '전광석화'입니다.

이런 적응력을 발판 삼아 이곳저곳 옮겨 다니며 눈부신 활약을 벌이는 '사업꾼'들이 눈에 띄기에 이분들의 스타일을 몇 가지 범주로 나눠 소개할까 합니다.

'사업꾼'은 '사업가'와 '사기꾼'의 중간 형태입니다. 사업가로 포장되어 있지만, 언제 사기꾼으로 돌변할지 모르므로 주의가 필요합니다. 아니, 사업처럼 보여도 뒷전에선 이미 사기가 벌어지고 있을 가능성이 높습니다.

능력이 없어서 경영에 참여하지 못하지만, 스스로를

'전문가'로 위장해 주주들의 소중한 돈을 탕진하는 '실무자형 사기꾼'도 있습니다. 이들은 '남이 쓰면 낭비'고, 자신이 마구 쓰는 돈은 '투자'라고 믿는 경향이 있습니다.

달변의 극치

경영꾼과 실무자형 사기꾼에게서 공통적으로 드러나는 현상입니다. 이들이 입을 열면 누구도 끼어들지 못합니다. 지극히 논리정연하기 때문입니다. 작심하면 세상 성인군자라도 패륜아로 만들어놓는 입심을 가졌습니다.

아는 것도 많습니다. '이들이 지구상에 모르는 것은 없는 것이 아닐까'하는 생각이 들 정도 입니다.

실무자의 경우, 경영자의 귀여움을 독차지합니다. 경영인의 마음 속 깊은 곳을 연구하는 게 이들 업무의 출발점입니다. 회의에서 이따금 수세에 몰리는 경영자를 대변해주기도 하고, 때로는 경영자가 생각지 못한 기특한 논리를 개발해 잘못을 정당화하기도 합니다. 경영자로선 중국 문화대혁명 당시 홍위병처럼 '귀여운 내 자식'일 수밖에 없지요.

그러나 가짜는 진짜를 흉내낼 수는 있어도 이길 수 없

습니다. 사업이 진척되기도 하고, 고난에 부딪히기도 하는 우여곡절의 과정에서 이들의 밑천이 드러납니다. 회사의 자금사정이 악화될 조짐을 감지하자마자 다른 궁리를 합니다. 내분이 필연입니다.

올 라운드 플레이어

경영꾼은 나서기를 좋아하지만 정작 전문성을 발휘해야 할 때에는 늘 '바빠서 시간이 부족하다'고 하소연합니다. 사업이 엉망진창으로 가라앉는 중에도 선후배를 만나 "잘 되고 있다"며 허풍을 떱니다. 누군가가 새로운 사업을 구상하면 하루아침에 그 분야의 전문가로 변신해 끼어듭니다.

실무자도 마찬가지입니다. '회사 안에 자신보다 똑똑하며 경영진의 신임을 받는 사람이 없기 때문에' 많은 일을 챙겨야 한다는 신념을 가지고 있습니다. 참견한 일이 잘 되면 '내 덕분'이고, 풀리지 않을 때는 '담당자가 부적격자'입니다.

엉망이 된 일은 타 부서에서 잘못 넘겼거나 결정적인 지원을 해주지 않았기 때문이라고 강변합니다. 이러니 다른 실무자들과 사이가 좋을 수 없습니다. 대개는 '사장이 아끼는 사람'이므로 참고 넘어가지만, '두고 보자'며 칼을

갑니다.

잘못된 '꾼'으로 인해 조직이 위험해집니다.

변신은 무죄

화려한 경력을 자랑합니다.

이력서를 보면 헷갈릴 때가 많습니다. '이렇게 훌륭한 사람을 내가 괜히 사기꾼으로 오해한 게 아닐까'라는 혼란에 빠지기도 합니다. 경력이란 그 사람이 살아온 길이기에 이력서를 보고, 그다음에 사람을 보는 것이 통례입니다.

이전에는 직장을 밥 먹듯이 옮기는 사람을 좋아하지 않았습니다. 흔히 '엉덩이가 가벼운 사람'으로 취급되곤 했습니다. 하지만 평생직장이라는 개념이 붕괴된 지 오래인데 직장 몇 번 옮겼다고 허물로 보는 건 '인재 확보'를 포기한 태도나 다름없겠죠.

그래도 꼼꼼하게 보아야 할 이유가 있습니다. 상당수 사람은 자신의 꿈과 비전을 이루기 위해 직장을 바꾸었겠지만, 일부는 '경력 팔이'일 가능성이 있습니다. 화려한 스펙으로 번듯한 회사에 취업했지만 능력을 입증하는 데는 실패, 눈치만 보다가 이곳저곳으로 둥지를 옮겨 다녔을지도 모릅니다.

화려한 경력 외에는 장점이 없는 경우가 많습니다. 그의 이전 회사가 스펙만을 보고 채용했던 과오를, 당신의 회사도 되풀이할 수 있습니다.

아끼지 않는 치장비용

'기름독'에 빠진 경영자들을 여럿 보았습니다.

멀쩡한 허우대를 더욱 돋보이게 하려는 속셈인지, 머리끝부터 발끝까지 기름이 줄줄 흐릅니다. 회사의 여력을 사용하는 우선순위는 '체면'과 '꾸미기'입니다. 투자를 받자마자 최고급 승용차를 구입하고, 수백만 원짜리 의자를 구입합니다. 법인카드로 친구들에게 술도 잘 삽니다.

그렇지만 좀처럼 본인 돈은 쓰지 않습니다. 회사 돈은 임자 없는 돈처럼 써도 자기 돈에는 강고한 방화벽을 둘러놓습니다.

거창한 꿈

엄청난 희망을 가지고 있습니다.

사실 많은 사람이 '꿈'을 가지고 사업을 하지만, '꾼'들의 꿈은 그 성취 수단이 다릅니다.

'사업가'들은 현실적으로 가능한 목표를 설정하고, 어떻게 그 결과에 다다를 것인지 단계적으로 접근해 갑니다. 훗날 이룰 성공을 위해 무리하지 않습니다. 그 시기가 올 때까지 참고 기다릴 줄 압니다. '사업은 지루한 일상과 하염없는 기다림의 연속'이라는 '역사적 사실'로 때로는 조급증에 빠지는 자신을 다스립니다. 헛된 약속을 남발하지 않습니다.

반면 '꾼'들은 샛길과 급행을 좋아합니다. 단기간에 대박을 터뜨리는(혹은 그렇게 포장하는) 게 목표입니다. 어떤 '사업꾼'을 보니 매일 직원들에게 세뇌교육을 시키더군요.

"내년에 코스닥 등록해 대박을 터뜨리면 여러분 모두에게 강남 아파트 한 채가 생길 겁니다. 부서별 야유회는 유럽으로 가고 간부들에게는 수입 승용차를 한 대씩 뽑아주겠습니다."

얼마 전까지는 이런 세뇌가 통했나 봅니다. 그런데 이제는 잘 참고 견디던 직원들마저 일제히 빠져 나갔다고 하네요. 아마도 사장이 '꾼'이라는 사실을 깨달았기 때문인 것 같습니다.

엄청난 휴먼 네트워크

한 예비 창업자를 만난 적이 있습니다. B2B와 B2C를 결합한 인터넷 사업을 하겠다고 말하더군요. 그래서 확인해 보았습니다. 회사는 언제 세울 것인지, 자본금은 어느 정도인지, 사업계획서는 만들고 있는지 등등 말입니다. 그분의 대답은 "아무것도 없다"였습니다.

그렇지만 "고위층에 인맥이 많다"고 내세우더군요. "그들의 도움을 받으면 자본금 모아 회사 세우는 정도는 별일 아니니까, 미리 걱정할 필요가 전혀 없다"고 합니다. 심지어 정치권 실세 몇 분의 이름을 들먹이며 그들과 자신이 어느 정도 친한지 장광설을 이어갔습니다.

대개의 '꾼'들은 '걸어 다니는 영업회사'라고 해도 과언이 아닐 겁니다. '사업가'들은 사업(제품과 서비스, 기술)으로 이야기하지만, '꾼'들은 휴먼 네트워크(친한 사람, 얼굴 마담)로 자신의 경쟁력을 이야기합니다.

우리나라처럼 학연과 지연이 큰 도움이 되는 '휴먼 네

트워크 사회'에서 이들의 영업경쟁력은 보석처럼 빛나기도 합니다.

다만 문제는 이들의 사업이 '말이 안 되는 것'일 때입니다. 말 안 되는 사업을 투자받기 위해 인맥까지 동원해 억지를 부리다 보면 한계에 부딪히고, 그 한계를 깨기 위해 법의 테두리 밖으로 튀어나가는 용감무쌍한 행위가 일어납니다. 그리하여 수많은 피해자가 발생합니다.

미꾸라지 내쫓는 가짜 메기

불과 몇 달 전 "인재를 삼고초려해 임원으로 모셔왔다"며 침이 마르게 자랑하던 사장이 얼마 전에 그 임원을 내쫓았다며 이렇게 말하더군요.

| "그 자식은 알고 보니 양아치더라."

'평범한 미꾸라지 사이에 메기 한 마리를 투입하면 생존경쟁을 할 수밖에 없으니 조직이 탄탄해질 것'이라고 생각했는데 완전히 빗나갔다는 겁니다.

영입 인재는 입사하자마자 자기 편을 만들어 지지 기

반을 조성한 뒤 전횡을 일삼았다고 합니다. 이 사람이 '아군'을 창설하는 데 들어간 회식비용만도 상당하답니다.

그가 회사의 관행을 대상으로 전쟁을 선포하고 구조조정을 추진하기까지는 좋았는데, 그 과정에서 창립 공신들이 하나둘씩 물러났다고 합니다. '뛰어난 인재'에 눈이 멀었던 사장이 결국에는 그 인재가 자기까지 몰아내려고 주주들을 만나고 다닌다는 소식을 입수했다고 합니다. 후회했지만 이미 엎질러진 물이었습니다.

꽤 많은 사장이 자신과 오랫동안 손발을 맞춰온 직원을 낮게 평가하는 경향이 있습니다. 그런 생각에 '큰물에서 놀던 사람이라면 뭔가 달라도 크게 다를 것'이라며 무리를 해서 영입을 하는 모양입니다. 한데 아무리 그렇더라도 어려울 때 함께했던 조강지처를 함부로 내쫓으면 벌을 받습니다.

결국 사장은 비싼 대가를 수업료로 치르고 말았습니다. 귀중한 사람들을 자기 손으로 내쫓고만 점이 가장 큰 죄였고, 소송도 불사하겠다고 버티는 '대단한 인재'를 내보내느라 들어간 비용도 만만치 않았다고 합니다.

사기꾼 감별법

우왕좌왕 사업모델

'꾼'들의 사업모델을 보면 간단치가 않습니다.

요즘 '뜬다' 하는 모든 사업에 다리를 걸쳐 놓습니다. 이런 사업을 가지고 론칭을 한 뒤, 저것이 괜찮겠다 싶으면 사람 한두 명으로 조직을 만듭니다. 물론 엔지니어는 공유합니다.

이런 회사의 엔지니어는 '죽을 맛'입니다. '꾼'들이 내놓는 아이디어 뒤치다꺼리하느라 허송세월을 합니다. 핵심 역량 또는 경쟁력은 남의 얘기입니다. 사업을 치장하기 위해 온갖 복잡한 아이디어들을 갖다 결합시키는 바람에 '본업'이 무엇인지 알 수 없는 양상입니다.

첫눈에 뭐하는 회사인지 감이 잡히지 않는다면 일단 의심을 해보는 게 좋습니다.

사업의 외양을 보면 그게 사기인지, 아닌지 분간하기 어려울 때가 많습니다. 누군가를 제물 삼아 이익을 편취하는 상황이 드러나지 않았다면, 매출실적이 나고 이익이 발생한다면, 현재로서는 사업 쪽으로 무게가 실립니다.

그러나 인젠가 '사업이 특정인의 이익 도구로 활용되었으며', '그간의 영업활동이 눈속임'이었고, '다수의 피해자가 발생했다'면 그것은 사기입니다.

외발자전거 경영

기업을 경영한다는 것은 어떤 것일까요.

몇몇 경영자들과의 저녁 모임에서 이런 뚱딴지같은 선문답이 오간 적이 있습니다. 어떤 CEO가 '경영이 뭐길래'라는 화두를 던지면서 얘기가 시작됐습니다. 한두 사람이 응하면서 경영철학 경진대회가 벌어졌습니다.

"노동과 자본을 투입한 시스템을 효율적으로 굴려 매출과 이익을 극대화 하는 행위"라는 교과서적인 얘기도 있었고, "다양한 성격의 배우들이 무대 위에 올라 펼치는 종합예술" 같은 비유도 나왔습니다. "주주와 경영자, 직원들이 함께 이익을 추구해 가는 트라이앵글 체계"라며 3각 구도를 중시해야 한다는 경영자도 있었습니다. 일부 CEO는

"사람들끼리 어울려 함께 먹고 사는 것", "안팎의 적으로부터 나와 내 식구들을 지켜가는 일"이라며 단순 명료한 정의를 내리기도 했습니다. 이색적인 경영철학을 개진하는 분도 있었습니다. "경영이란 옥동자를 잘 키워 출세시키는 일이고, 참된 기업은 좋은 인력을 배출하는 인큐베이팅 센터라고 본다"고 말했다가 오해한 몇몇 CEO의 반발("남 좋은 일 시켜주는 게 무슨 경영이냐")을 사기도 했습니다.

이처럼 각자가 처한 입장에 따라, 철학과 인성에 따라 경영에 대한 생각이 다르다는 점을 알 수 있었습니다.

과연 경영이란 무엇일까요. 기업을 한다는 것을 어떻게 정의할 수 있을까요.

저는 기업 경영을 '외발자전거 타기'에 비유합니다.

자전거를 꽤 오래 탔다는 사람에게조차, 외발자전거 타기는 무척이나 어려운 일입니다. 바퀴가 하나뿐이니 움직이는 건 고사하고 균형 잡기마저 간단치 않습니다. 손을 내밀어 잡을 부분까지 없으니 황당하지요. 탁월한 운동신경을 가진 이가 아닌 다음에야, 엄두를 내기 힘든 게 사실입니다.

경영이 외발자전거 타기와 비슷하다는 첫 번째 이유는 '무척 위험하므로 도전하는 데 상당한 용기가 필요하다'는 측면입니다.

외발자전거는 다칠 위험이 두발자전거에 비해 훨씬 높습니다. 서커스 단원들의 모습을 비춰준 TV 프로그램이 있었는데요. 한 단원이 외발자전거를 연습하다가 여러 번 골절상을 입었는데도 이를 무릅쓰고 도전해 자신만의 특별한 묘기를 많이 개발했습니다. 단장의 말로는 "그런 위험 때문에 겁이 없는 아이들을 골라 신체 조직이 유연한 어릴 때부터 훈련을 시킨다"고 합니다. 하지만 요즘 세상에는 그런 조건의 아이를 만나기 쉽지 않아 묘기 전수에 애로가 있다는 내용이었습니다.

기업 경영이라는 외발자전거 타기도 마찬가지입니다. 집에 돈이 넘쳐서 '실패해도 그만'이라는 심정으로 사업을 만든다면 모르겠으나, 대부분의 창업자들은 '올인 베팅'으로 사업을 시작합니다. 겁을 상실한 사람들이 성공사업의 꿈을 꿉니다. 상황이 좋지 않은 요즘에는 대단한 확신범들만이 간판을 올립니다.

그런데 시장 사정이 녹록치 않아서 수많은 난관을 뚫고 나가기가 버겁습니다. 기우뚱거리며 달려 나가지만 언제 쓰러질지 알 수 없습니다. 경영에 익숙하지 않은 설립 초기일수록 위험이 높습니다. 이런 위험을 온몸으로 떠안는 용기가 필요하다는 점에서 경영은 외발자전거 타기와 흡사합니다.

두 번째는 '외발'이라는 측면입니다. 바퀴 하나를 떼어낸 채 하나만으로 움직이는 선택을 '독립'으로 비유해볼 수 있겠습니다. 독립이라는 자유를 만끽하기 위해서는 외발의 불균형이라는 불편을 감수해야만 합니다.

서투른 외발자전거를 부축해주는 여러 손길이 있습니다. 가까운 친구나 친척은 물론 엔젤 투자자, 기관투자가, 컨설팅, 회계법률 자문 등 다양한 지원자가 있습니다.

하지만 결국, 자전거를 타는 이는 경영자 혼자입니다. 시간이 흐른 뒤에도 진전이 없다면 지원의 손길은 하나둘 사라지기 마련입니다. 싹수가 없다고 판단하기 때문입니다. 경영자들이 늘 시간에 쫓기는 이유입니다.

세 번째는 페달을 끊임없이 밟아야 쓰러지지 않을 수 있다는 점입니다.

외발자전거는 더욱 그렇습니다. 앞으로 나가기 위해 페달을 밟는 것보다는 쓰러지지 않기 위해, 서 있기 위해서라도 하염없이 페달을 밟아야만 합니다. 제 아무리 고수라도 페달에서 발을 떼지 못합니다. 끝없이 움직여야 바닥으로 내동댕이쳐지는 신세를 면할 수 있습니다. 이게 외발자전서의 운명입니다.

스타트업 경영도 그렇습니다. '투자'라는 페달을 힘차게 밟아야 존립의 근거를 마련할 수 있습니다. 좋은 사람에 대한 투자는 물론 연구개발, 마케팅에 부단한 투자가 이뤄져야 합니다.

외발자전거를 처음 익힐 때는 시선을 정면에 고정시킴으로써 균형을 유지하기 위해 애를 씁니다. 어느 정도 기량을 닦은 뒤 주위를 둘러보면 다른 선수들의 기량 또한 대단하다는 사실을 발견하게 됩니다. 경쟁에서 앞서기 위해 더 힘차게 투자의 페달을 밟을 수밖에 없습니다.

외발자전거를 잘못 익히면 후회할 일을 저지르게 됩니다. 서투르게 익힌 기술이 전부인 줄 알고, 앞으로만 달리다가는 쓰러져 부상을 당할 위험이 높습니다. 한때 고속 성장을 했던 기업 경영자들이 무리한 투자를 거듭했다가 씻지 못할 과오를 범하게 된 모습을 익히 본 적이 있습니다.

외발자전거의 페달을 밟아 넘어지지 않을 정도의 실력은 갖추었으나, 방향을 틀 재주가 없는 상태에서 질주했던 게 화근이 되었던 셈이지요. 그래서 질주를 익히기 전에 방향을 바꾸고 후진도 하는 그런 기술을 닦아야 합니다.

마지막으로 끝없는 도전과 열정입니다.

외발자전거에 익숙해지기 위해서는 일반 자전거를 배울 때보다 훨씬 많은 시간과 정열을 아끼지 않고 투입해야 합니다. 넘어져 부상을 당해 '무서워서 더 이상 못 타겠다'

는 생각이 든다면 그것으로 끝입니다. 그러니 넘어져도 오뚝이처럼 일어나 페달을 밟는 불굴의 기개가 필요합니다.

우리 사회의 시스템이 성숙된다면 수많은 오뚝이 경영자들의 성공담을 들을 수 있을 겁니다. 이들의 노력과 열정이 전해져 성공에 도전하는 많은 사람들에게 롤 모델이 되었으면 합니다.

좀 더 생각해 보면 스타트업 경영은, 보통의 외발자전거 타기가 아닌 것 같습니다. 일반적으로 외발자전거는 바닥이 평평하고 넓은 실내 체육관 같은 곳에서 익힙니다. 부상을 막기 위해 나름의 보호 장구도 착용하고 양쪽에 매트리스를 깔기도 합니다.

하지만 스타트업이라는 외발자전거 타기는 거친 자갈밭과 웅덩이가 널린 곳에서 맨땅 헤딩을 해야만 합니다. 연간 기온 차이가 100도가 넘는 시베리아 벌판일수도 있습니다. 산악자전거도 아닌 외발자전거로 그 곳을 통과해야 합니다.

평평한 도로는 어디에 있는지 알 수 없습니다. 도로를 향한 열망으로 달려갑니다. 쓰러지고 일어서기를 반복하며 페달을 밟아 앞으로 나아갑니다.

척박한 들판에서 외발자전거로 달려가는 여러분에게 경의를 표합니다.